Chuck Spezzano
Die inneren Gesetzmäßigkeiten des Erfolgs

W0034513

vianova
Verlag Via Nova

CHUCK
SPEZZANO

Die inneren
Gesetzmäßigkeiten
des Erfolgs

Sein Leben selbst
in die Hand nehmen

vianova

Verlag Via Nova

Übersetzung aus dem Amerikanischen:
Ulrike Kraemer

Copyright © 2005 by Chuck Spezzano

1. Auflage 2013
(Taschenbuchausgabe zu „Erfolg kommt von Innen")
Verlag Via Nova, Alte Landstr. 12, 36100 Petersberg
Telefon: (06 61) 6 29 73
Fax: (06 61) 96 79 560
E-Mail: info@verlag-vianova.de
Internet: www.verlag-vianova.de / www.transpersonale.de
Umschlaggestaltung: Guter Punkt, München
Satz: Sebastian Carl, 83123 Amerang
Druck und Verarbeitung: C.H. Beck, 86720 Nördlingen

ISBN 978-3-86616-272-3

Dieses Buch ist meinem Vater gewidmet.
Er war der Erste, der mich Edelmut, Integrität
und heldenhaftes Geben lehrte.

DANKSAGUNGEN

Mein Dank gilt Sasha Springer Asato, Noelani Po'omaihealani und vor allem Kim Gordian für die Niederschrift des Manuskripts und für ihre umfassende Unterstützung bei der Fertigstellung dieses Buches. Ich danke auch meinen Verlegern, Charlie Netherton und der unvergleichlichen Hollie Prior, die dieses Buch mit großer Leichtigkeit zur Welt gebracht haben.

Ich möchte dem Team von www.gaia-mind.com – Julian Ticehurst, Michael North, Ian Haugh und Lency Spezzano – für ihre Unterstützung danken.

Meiner Frau Lency und meinen Kindern Christopher and J'aime möchte ich von ganzem Herzen dafür danken, dass sie ein unaufhörlicher Quell der Inspiration für mich sind.

Mein letzter Dank gilt *Ein Kurs in Wundern* dafür, dass er mein Leben dauerhaft mit Licht erfüllt.

INHALTSVERZEICHNIS

EINFÜHRUNG

In den letzten Jahren haben mich viele Menschen gefragt, welche Möglichkeiten es gibt, um in allen Bereichen des Lebens erfolgreicher zu sein. Meist ging es dabei um Arbeit und berufliche Karriere, aber auch Beziehungen, Geld und Gesundheit waren den Menschen wichtig. Weil Erfolg ein Sammelbegriff ist, umfasst er alle wichtigen Aspekte unseres Lebens. Er gehört zu den wichtigsten Voraussetzungen dafür, dass wir glücklich sein können.

Bei allen Heilsitzungen, die ich in den letzten vierunddreißig Jahren durchgeführt habe, ging es um Problemlösung, Verständnis und Heilung, um auf einem bestimmten Gebiet erfolgreich sein zu können. Dies hat mich dazu inspiriert, ein Buch über Erfolg zu schreiben und es auch als Kurs im Internet zur Verfügung zu stellen. Das Buch soll dir Kraft geben, indem es dir neue Möglichkeiten bietet, dich aus einer inneren Sicht heraus mit diesem zentralen Thema zu befassen. Einhundert grundlegende Lektionen können dir helfen, eigenständig, in deinem eigenen Tempo und deiner eigenen Weise auf mehr Erfolg hinzuarbeiten. Viele Bücher sind darüber geschrieben worden, wie man mit Hilfe von Prinzipien erfolgreich sein kann, die sich mit äußeren Dingen befassen. In diesem Buch geht es um den Erfolg, der von innen kommt.

Die in diesem Buch beschriebenen Prinzipien und Übungen stellen die zentralen Werkzeuge dar, die wir nutzen können, um die Hindernisse in unserem Leben aus dem Weg zu räumen. Wir alle können zu Erfolg im Leben gelangen, indem wir uns die Kraft unseres Bewusstseins, unseres Herzens und unseres Geistes zunutze machen. Dieses Buch ist aber nicht nur ein Kurs im Erfolgreichsein, sondern außerdem ein Handbuch mit Problemlösungen, die auf den seit einigen Jahrzehnten mit großem Erfolg eingesetzten Schlüsselprinzipien, -methoden und -techniken der *Psychology of Vision* beruhen.

Die Werkzeuge sind da. Der Rest liegt an dir.

Wie stark ist dein Wunsch nach Erfolg? Mit diesem Buch kannst du das Lenkrad wieder selbst in die Hand nehmen. Es liefert dir eine Straßenkarte, die dir den Weg zeigt, wie sehr du dich auch verirrt hast. Es ist ein ausgezeichneter Weg, um alle Hindernisse zu beseitigen und sicher auf die Straße des Erfolges zu gelangen.

Ich wünsche dir jeden erdenklichen Erfolg und viel, viel Glück durch den Gewinn, der dir aus der Arbeit mit diesem Buch erwächst.

Ein ganz herzliches Aloha, Chuck Spezzano
Hawaii, 2005

LEKTION 1
Die inneren Gesetzmäßigkeiten des Erfolgs

Was ist Erfolg?
Mit dem Wort „Erfolg" verbindet man für gewöhnlich Gedanken an Leistung und an Belohnung für eine Leistung. Das japanische Wort für Erfolg – *seiko* – ist nicht nur der Name einer berühmten Armbanduhr, sondern wird auch mit sexuellem Erfolg assoziiert, insbesondere dann, wenn es mit einer ganz bestimmten Betonung ausgesprochen wird. *Seiko!*

In der Regel verwenden wir das Wort „Erfolg" nur in Bezug auf unsere männliche Seite und ihr Streben nach herausragenden Leistungen. Meist geht es dabei um unsere Arbeit, unsere berufliche Laufbahn oder etwas anderes, das wir erstreben. Tatsächlich muss wahrer Erfolg jedoch durch unsere weibliche Seite und ihren Wunsch nach Nähe ausgeglichen werden. Wenn männliche und weibliche Seite im Gleichgewicht sind, dann gibt es in unserem Leben die Partnerschaft, die Erfolg und Nähe einschließt, verbunden mit Mühelosigkeit und Freiheit.

Die inneren Gesetzmäßigkeiten des Erfolgs beinhaltet Prinzipien, Übungen und Geschichten, die du allein, aber auch mit einem „Buddy" oder Partner durcharbeiten kannst. Das Buch will dir die Kraft geben und dich dafür gewinnen, in vielen Bereichen deines Lebens erfolgreich zu sein. Ich werde das Thema „Erfolg haben" auf eine ganzheitliche Weise behandeln, die nicht nur unsere männliche und unsere weibliche Seite, sondern auch unsere Seele einschließt.

Dazu möchte ich dich zunächst darum bitten, einmal zu definieren, was Erfolg für dich bedeutet: Wie sieht Erfolg aus? Halte deine Definition mit etwa 25 Worten möglichst einfach und prägnant. Nimm dir Zeit. Arbeite so lange daran, bis sie sich richtig anfühlt, bis sie sich gut anfühlt, bis die Worte wirklich deine Vorstellung von Erfolg zum Ausdruck bringen.

Erfolg ist…

Wenn du deine Definition fertiggestellt und ausformuliert hast, dann platziere sie an einem Ort, an dem du sie häufig siehst: zum Beispiel auf deinem Schreibtisch oder über der Toilette.

Was ist Erfolg für dich? Was willst du wirklich?

LEKTION 2
Was willst du?

Was willst du im Leben? Es gibt viele Dinge, die dich glücklich machen könnten, aber worin bestehen sie? Hast du tatsächlich alles bedacht, was du erreichen willst? Mit Hilfe dieser Übung kannst du herausfinden, was du wirklich willst.

Wenn du das Buch allein durcharbeitest:
Mache es dir bequem und schaue in einen ziemlich großen Spiegel, während du dir die Frage stellst. Wiederhole die Frage, nachdem du sie beantwortet hast. Stell dir dieselbe Frage etwa acht Minuten lang immer und immer wieder. Vertraue dir selbst und deinen Antworten. Es können lange oder kurze Antworten sein. Wenn du die Befragung beendet hast, denke über die Antworten nach und überlege, was du wirklich willst. Wenn du möchtest, dann kannst du den gesamten Vorgang auch auf Band aufnehmen, um ihn festzuhalten.

Wenn du das Buch mit einem Partner durcharbeitest:
Du kannst die Übung gemeinsam mit deinem Partner durchführen. Setzt euch mit einer offenen Körperhaltung (d. h. nicht mit verschränkten Armen) einander gegenüber. Einigt euch darauf, wer den Anfang macht. Der andere stellt folgende Frage:

„Was willst du?"

Die Antwort ist für euch beide wichtig: Auch wenn es die Antwort deines Buddys ist, die du hörst, birgt sie etwas, das auch für dich von Bedeutung ist. Wenn die Antwort gegeben wurde, wiederhole die Frage in derselben Weise, im selben Tonfall. Wenn du antwortest, dann überlege nicht, was du sagen willst. Lass zu, dass die Antwort intuitiv in deinem Geist auftaucht. Nimm einfach wahr, was du gesagt hast. Derjenige, der den Anfang macht, sollte etwa sieben Minuten lang immer wieder auf die Frage antworten. Dann wird getauscht, sodass jetzt der andere antwortet. Nachdem ihr beide die Übung beendet habt, solltet ihr euch ein wenig Zeit nehmen, um über die Dinge zu sprechen, die dabei herausgekommen sind.

Was willst du?

LEKTION 3
Etwas über Ziele lernen

Als ich meine Doktorarbeit schrieb, war ich gerade in meiner perfektionistischen Phase. Es war kein sehr schöner Anblick. Ich hatte zwei Jahre gebraucht, um das erste Kapitel zu schreiben. Es bestand aus neunundvierzig schönen, formvollendeten Seiten. Allzu schnell aber blieben mir für die Fertigstellung von vier weiteren Kapiteln nur noch drei Wochen Zeit. Ich war in Schwierigkeiten, total gestresst und ziemlich erschrocken. Dass ich mir ein Ziel gesetzt habe, hat mich gerettet.

Nach einem Arbeitstag wollte ich meine übliche, knapp 5 km lange Runde um den Golfplatz des Marinefliegerstützpunkts joggen, auf dem ich als psychologischer Betreuer arbeitete. Ich spürte intuitiv, dass ich kurz davor war, einen Weg zu finden, der mir dabei helfen würde, meine Doktorarbeit erfolgreich zu beenden. Als ich loslief, erkannte ich, dass ich im Hinblick auf das Laufen dieselben Gefühle hatte wie im Hinblick auf meine Doktorarbeit: entmutigt, müde und schwer. Während ich mich zum Weiterlaufen zwang, sah ich weiter vorne auf der Straße eine kleine Markierung, die als Entfernungsmesser diente. Ich setzte mir das Ziel, einfach nur bis zu dieser Marke zu kommen. Als ich dort ankam, fühlte ich mich belohnt, weil ich mein Ziel erreicht hatte. Also setzte ich mir als nächstes Ziel den Baum, der ein Stück weiter vorne stand. Wieder hatte ich das Gefühl, neue Energie gewonnen zu haben, als ich den Baum erreichte. Mein nächstes Ziel war der Hydrant in zwanzig Metern Entfernung. Ich stellte fest, dass meine Aufmerksamkeit durch die Konzentration auf mein Ziel nicht zerstreut, sondern auf einen Punkt gerichtet war, und das Laufen wurde leichter. Immer wenn ich mein Ziel erreichte, fühlte ich mich gestärkt, und während ich mich auf mein Ziel konzentrierte, schien ich dahinzugleiten. Während des Laufens bemerkte ich jedoch, dass es auch Phasen der Disharmonie gab. Kurz nachdem ich ein

Ziel erreicht und bevor ich ein neues Ziel gefunden hatte, kam ich aus dem Rhythmus, und es fiel mir schwerer, wieder von neuem zu beginnen. Deshalb beschloss ich, mir schon kurz vor Erreichen des bereits gesetzten Ziels das nächste Ziel zu setzen.

Ich stellte fest, dass ich auf diese Weise von einem Ziel zum nächsten gelangte, ohne den Rhythmus zu verlieren. Ich fing an, das Laufen und den goldenen Nachmittag in San Diego zu genießen, und das bewirkte, dass ich in der Lage war, mein Tempo zu erhöhen. Das war meine Antwort. Sie schien so einfach. Für meine Doktorarbeit würde ich mir einfach Ziele setzen, und kurz bevor ich ein Ziel erreichte, würde ich nach vorne schauen, um schon das nächste Ziel zu finden. Auf diese Weise wurde mein Schreiben viel effektiver, und ich fand zu einem nahtlosen Rhythmus. Während der nächsten drei Wochen, in denen ich an meiner Doktorarbeit schrieb, bekam ich nur sehr wenig Schlaf und musste mir schließlich die letzten beiden Wochen Urlaub nehmen. Dennoch gelang es mir in dieser Zeit, die Literatur durchzugehen, mir eine gute Methodik zu erarbeiten, meine Untersuchungen durchzuführen und mein Fazit und eine Zusammenfassung zu schreiben. Dadurch, dass ich diese ungeheure Menge an Arbeit in scheinbar unmöglich kurzer Zeit bewerkstelligte, erkannte ich die Macht von Zielen. Dadurch, dass ich etwas zum Abschluss brachte, worauf ich stolz war – die Suche nach einem neuen Modell in der Psychotherapie, das auf Kreativität beruhte –, hatte ich das Gefühl, ich sei es würdig, Doktor genannt zu werden.

LEKTION 4
Ziele für dich selbst setzen

Wenn du kein Ziel hast, dann weißt du nicht, wohin du gehst. Wenn du kein Ziel hast, dann kommst du auf gut Glück irgendwo an. Ziele geben dir eine Richtung. Indem du auf sie achtest, verkürzen sie die Zeit, die du brauchst, um dorthin zu gelangen, wo du hinwillst. Wenn du das Gefühl hast, dass du Druck und Stress ausgesetzt bist, musst du dir Ziele setzen. Vielleicht hast du aus deinen Zielen auch Erwartungen gemacht, die auf Forderungen und Bedürfnissen beruhen. Erwartungen sind die häufigste Ursache für Stress. Deshalb ist es wichtig, sich stattdessen Ziele zu setzen.

Es gibt eine klassische Studie zum Thema Ziele, die mit einer Reihe von Harvard-Absolventen durchgeführt wurde. Diese Absolventen wurden über einen Zeitraum von vierzig Jahren beobachtet. Nach dieser Zeit stellte man fest, dass die sechs Prozent, die sich regelmäßig Ziele setzten, weit mehr erreicht hatten als die vierundneunzig Prozent, die es nicht taten.

Ziele setzen ist einfach. Wenn du einmal in Berührung mit dem bist, was du willst, richte deinen Blick auf das Erreichen dieser Ziele aus und halte deine Aufmerksamkeit darauf gerichtet. Wenn du Ziele setzt, ist es hilfreich, sie aufzuschreiben. Die folgenden Kategorien könnten dir für das Setzen von Zielen vielleicht nützlich sein: Beziehungen, Familie, Beruf oder Geschäft, Erfolg, Gesundheit, Geld, Sex, Leistung, Körperbild, Urlaub oder Freizeit, Glücklichsein und Spiritualität. Denke eine Weile über alle diese Ziele nach. Setze dann deine Zehnjahres-Ziele. Es sind die Ziele, die du nach zehn Jahren erreicht haben willst. Schreibe sie gezielt und in knappen Worten nieder. Als Nächstes schreibe auf, was du in den kommenden fünf Jahren erreichen willst: Wo willst du in fünf Jahren sein? Danach folgen deine Dreijahres-Ziele. Wenn du damit fertig bist, setze deine Ziele für ein Jahr, dann für sechs

21

Monate. Schreibe zum Schluss deine Ziele für eine Woche, dann für einen Tag nieder. Drücke dich im Hinblick auf das, was du willst, möglichst klar aus.

Lies die Liste deiner Ziele jeden Abend durch. Setze deine Ziele für den nächsten Tag. Lies jeden Morgen, wenn du deinen Tag beginnst, die gesamte Liste kurz durch und entscheide dich dafür, deine Ziele zu verwirklichen. Betrachte deine Ziele am Ende des Tages, am Ende der Woche, des Monats, nach drei Monaten und so fort. Erkenne, was du erreicht hast. Gratuliere dir selbst, und feiere deinen Erfolg.

Verfalle nicht in Selbstangriff, wenn du bestimmte Ziele nicht erreicht hast. Wenn sie nicht mehr dienlich sind, lass sie einfach los. Wenn sie noch wichtig sind, setze sie noch einmal mit einem neuen Zeitplan. Entscheide dich noch einmal für dein Ziel. Wenn du das Gefühl hast, dass du unter Stress gerätst, dann erkenne, dass du dir keine Ziele mehr setzt, sondern dich zu etwas zwingst. Für den Erfolg ist das kontraproduktiv. Ziele fühlen sich attraktiv an. Sie geben dir Energie. Sie bringen dich nach vorne. Ziele setzen ist eine der produktivsten und hilfreichsten Möglichkeiten, im Leben dorthin zu gelangen, wo du hin willst.

Ziele für:

1. 10 Jahre
2. 5 "
3. 3 '
4. 1 "
5. 6 Monate
6. 1 Woche
7. 1 Tag

LEKTION 5
Erfahre das Ziel als bereits verwirklicht

Dies ist eine weitere Technik, um den Prozess zu beschleunigen, mit dem du das verwirklichst, was du willst. Stell dir einfach vor, dein Ziel sei bereits erreicht. Die Zeit, die notwendig ist, um die gewünschten Ergebnisse zu erzielen, wird dadurch verkürzt. Stell dir vor, wie es aussieht, wenn dein Ziel erreicht ist. Fühle, wie es sich anfühlt. Was sagen die Leute zu dir? Was sagst du dir selbst? Wie schmeckt der Erfolg? Wie riecht der Erfolg? Wie kommt das Leben dir jetzt vor?

Anfangs brauchst du womöglich einige Minuten, um diese Übung durchzuführen. Jedes Mal, wenn du sie wiederholst, wird sie jedoch weniger Zeit in Anspruch nehmen. Dennoch nimmt ihre Wirksamkeit mehr und mehr zu.

Ich weiß wo ich hin will und habe den Kopf frei für die wirklich wichtigen und schönen Dinge im Leben!

LEKTION 6
Wenn du einen schlechten Tag hast

Wenn du einen schlechten Tag hast, kann das Setzen von Zielen wirklich hilfreich sein. Setze dir an den Tagen, an denen du dich beim Aufwachen schlecht fühlst, einfach ganz kleine Ziele. Dazu gehören möglicherweise schon so grundlegende Dinge wie das Aufstehen. Sobald du dir zum Ziel setzt, dass du aufstehen willst, bekommst du ein klein wenig Energie, die dir hilft, dieses Ziel zu erreichen. An einem Morgen, an dem du dich wirklich elend fühlst, kann das Aufstehen bereits mehr als eine bescheidene Leistung darstellen.

Als Nächstes setzt du dir vielleicht das Ziel, ins Bad zu gehen. Dann folgen Gesicht waschen, Zähneputzen, mit Mundwasser gurgeln, Rasieren, Duschen, Schminken – wie auch immer dein morgendliches Reinigungsritual aussehen mag. Mit jedem Ziel, das du erreichst, steht dir mehr Energie zur Verfügung. Du kannst dir auch kleine Ziele setzen, wenn während des Tages etwas Unvorhergesehenes passiert. Setze bescheidene Ziele, von denen du weißt, dass du sie erreichen kannst: Je schlimmer der Tag, umso weniger anspruchsvoll sollten die Ziele sein. Bald schon wirst du deine Energie zurückgewinnen, und deine Einstellung wird sich ändern. Gönne dir eine Pause – setze an harten Tagen deine Ziele weniger hoch an. Das Erreichen deiner Ziele kann dir genügend Energie und Kraft schenken, um dich aus jedem Loch herauszuziehen, in dem du steckst, und dich in den Fluss des Lebens zurückzubringen. An schlechten Tagen ist das Setzen von Zielen eine großartige Hilfe!

LEKTION 7
Strebt zuerst nach dem Reich Gottes

Dies ist die erste Lektion über Erfolg, in der es um spirituelle Aspekte geht. Wenn ich von Spiritualität und Gott spreche, dann meine ich Liebe, Glücklichsein, Sinn, Freude, Einssein, den universellen Geist oder welche spirituelle Verbindung du persönlich auch immer erfährst.

Die Bibel erzählt uns, dass Jesus gesagt hat: „Euch aber muss es zuerst um sein Reich gehen; dann wird euch alles andere dazugegeben." Dabei spielt es keine Rolle, ob du Christ bist oder nicht. Diese Aussage birgt eine Botschaft für uns alle. Wenn du sie befolgst, kannst du dein Leben einfacher machen. Wenn das Leben einfach ist, dann ist es voller Tiefgang, Weisheit und Freude. Es ist nicht langweilig, wie das Ego lauthals erklärt. Wir brauchen nicht viele äußere Reize, weil es so viele innere Reize gibt. Dazu gehört zum Beispiel das Gefühl tiefer Freude. Irgendwie ist all der weltliche Erfolg, den wir brauchen, auf dem Weg zum Himmel zu finden. Das ist alles, was nötig ist, damit wir wahrhaft erfolgreich und glücklich sein können. Wenn wir in Richtung dessen gehen, was am wichtigsten ist, dann umgehen wir viele Hindernisse, Umwege und Ernüchterungen, die dadurch verursacht werden, dass wir nach Dingen streben, die uns niemals wirklich glücklich machen können.

Himmel ist einfach die Erfahrung des Einsseins. In dieser Erfahrung gibt es nichts, keine „Dinge"[1]. Sie ist nicht materieller, sondern spiritueller Natur. Wer diese Erfahrung gemacht hat, der spricht von Gefühlen profunder Liebe und Freude, von der Erfahrung, gekannt und geliebt zu werden, und von einer Vision wunderbarer Strahlen aus Licht und Liebe, deren Teil wir alle sind.

---

1 Anm. der Übersetzerin: Ein Wortspiel des Verfassers, das im Deutschen leider nicht wiederzugeben ist. „Nothing" = nichts, und „no things" = keine Dinge.

In diesem Einssein erkennt er Gott, und er erkennt auch, dass Gott ihn durch und durch kennt. Er erfährt das Schmunzeln und die Verwunderung, die an uns gerichtet sind, weil wir glauben, getrennte und in der Zeit gefangene Egos zu sein.

Jesus hat gesagt: „Das Reich Gottes ist mitten unter euch." Er hat auch gesagt, dass wir wie die Kinder werden müssen, um das Reich Gottes betreten zu können. Das bedeutet ganz sicher nicht, dass wir naiv sein sollen. Tatsächlich hat Jesus uns davon abgeraten und uns stattdessen ermahnt, arglos und weise zu sein. Ein Kind ist einfach, aufrichtig und unschuldig. Wenn Bindung in der Familie existiert, ist ein Kind großzügig anstelle von habgierig. Kinder sind vertrauensvoll. Sie verlassen sich auf ihre Eltern. Um das Reich Gottes betreten zu können, müssen wir nur erkennen, dass wir Kinder Gottes sind und alle guten Dinge verdient haben – vor allem den Himmel.

Das Streben nach dem Reich Gottes wird durch Liebe bewirkt. Sie ist sowohl das Ziel als auch der Weg, um das Ziel zu erreichen. Das wissen wir alle. Nun wollen wir es in die Tat umsetzen. Setze dir jeden Morgen beim Aufstehen das Ziel, den Tag mit Liebe zu füllen. Prüfe am Ende eines jeden Tages, wie gut du darin warst. Nimm wahr, wo du erfolgreich warst und wo nicht. Wo du nicht erfolgreich bist, setze dein Ziel neu. Denke daran, dass Selbstbestrafung im Fall von Nichterfolg kontraproduktiv ist. Entscheide dich stattdessen für Selbstliebe. Wenn du sie nicht hast, was kannst du anderen Menschen dann geben? Liebe jeden Menschen in deiner Umgebung so, als sei er dir vom Himmel selbst anvertraut worden. Dieser Mensch wird nicht immer bei dir sein, deshalb liebe ihn jetzt. Es ist wichtig, dass du lernst, wie du auch dann noch Liebe geben kannst, wenn die Menschen um dich herum sich gegen dich wenden. Gerade dann brauchen sie die Liebe am dringendsten. Gerade dann kannst du ihnen durch Liebe am besten helfen. Prüfe am Ende deines Tages, wo du erfolgreich warst und wo du dein Ziel nicht erreicht hast. Verpflichte dich für den folgenden Tag noch einmal der Liebe. Liebe bewirkt eine Entwicklung hin zu noch größerem Erfolg, nicht nur bei uns selbst, sondern auch bei den Menschen in unserem Umfeld. Liebe heilt. Liebe verbindet. Liebe gibt sich selbst. Liebe entscheidet sich immer dafür, die Hand auszustrecken, und niemals für Trennung. Liebe ist großzügig, niemals zornig oder habgierig. Liebe vertraut. Vertrauen bringt Zuversicht, und Zuversicht bringt Erfolg. Liebe gibt, und deshalb empfängt sie fortwährend. Liebe kommuniziert, und sie kommuniziert vor allem sich selbst. Liebe ist mutig. Liebe bringt Freude. Liebe bringt Glück. Liebe bringt Fülle. Liebe bringt den Himmel. Liebe ist der Himmel.

LEKTION 8
Die Kraft der Entscheidung

Die Welt, die wir erfahren, ist die Folge unserer Entscheidungen. Entscheidungen können unbewusst getroffen werden, was erklärt, weshalb uns so viele schlimme Dinge passieren, für die wir uns – oberflächlich betrachtet – scheinbar nicht entschieden haben. Entscheidungen können auch im Bruchteil einer Sekunde getroffen und dann verdrängt werden, sodass wir nicht erkennen, dass sie da sind und einen Einfluss auf uns haben. Dann gibt es die Entscheidungen, die wir bewusst treffen und die uns auch bewusst sind. Diese Entscheidungen können positiv oder negativ sein. Neutrale Entscheidungen gibt es nicht. Jeder Gedanke stellt eine Entscheidung dar. Angesichts unseres Mangels an Gewahrsein scheinen unsere Gedanken jedoch automatisch zu entstehen. Es gibt eine andauernde Flut an Gedanken, die von unseren Persönlichkeiten oder Selbstkonzepten herrühren. Sie verstärken die irrige Vorstellung, dass Glück außerhalb von uns selbst zu finden ist. Diese Persönlichkeiten sind Selbstkonzepte, die unser Ego untermauern. Das ganze Geschwätz unseres Egobewusstseins ist ein Versuch, das Ego aufzubauen oder seine Stärke zu erhalten. All das soll uns daran hindern, die Kraft der Entscheidung zu erkennen. Das Ego versucht, Chancen auf Erfolg, Vertrautheit, Geschenke, Inspiration, Fluss, Gnade oder Schöpfung zu verschleiern, weil sie Schichten des Egos schmelzen lassen. Es will, dass wir uns weiterhin Sorgen machen, anstatt zu lieben.

Entscheide dich für das, was du willst. Entscheide dich für jeden Augenblick. *Ein Kurs in Wundern* sagt, dass von allen Geschenken, die Gott uns gegeben hat, nur die Entscheidung geblieben ist, aber sie reicht aus. Sie reicht, um alle anderen Geschenke zurückzugewinnen. Sie reicht, um den Himmel zurückzugewinnen.

Entscheide dich heute ganz bewusst für das, was du willst. Entscheide, wie dein Tag sich entfalten soll. Entscheide, wie der nächste Abschnitt deines Tages sich entfalten soll. Wenn die Dinge sich anders entwickeln, als du vermeintlich entschieden hast, dann heißt das, dass du eine verborgene Entscheidung getroffen hast oder dass es auf deiner Tagesordnung einen verborgenen Punkt gibt. Triff eine neue Entscheidung. Entscheide dich für das Glücklichsein. Entscheide dich für den Erfolg. Entscheide dich für die Liebe. Wenn du die Entscheidung triffst, dann wirst du diese Eigenschaften fühlen. Lass dich nicht von der Woge deines eigenen ängstlichen Geplappers forttragen. Entscheide dich mit Herz und Gefühl für das, was du willst.

LEKTION 9
Die Entscheidung für den Erfolg

Im Laufe unseres Heranwachsens haben wir viele Erfahrungen gemacht, die uns dazu gebracht haben, uns für oder gegen das Erfolgreichsein zu entscheiden. Fast jeder von uns hat Entscheidungen getroffen, die sowohl zum Erfolg hin als auch von ihm fort führen.

Du könntest dir nun intuitiv die folgende Frage stellen: Zu wie viel Prozent habe ich mich auf einer Skala von 100 % für den Erfolg entschieden, und zu wie viel Prozent habe ich mich dafür entschieden, nicht erfolgreich zu sein? Die Zahlen könnten dich durchaus überraschen. Subtrahiere nun die Prozentzahl für die Erfolglosigkeit von der Prozentzahl für den Erfolg. Wenn du die Frage zum Beispiel mit 80 % für den Erfolg und 20 % gegen den Erfolg beantwortet hast, würdest du die 20 % von den 80 % subtrahieren. Die 60 %, die übrig bleiben, stellen die Energie dar, die dir zur Verfügung steht, um deinen Erfolg aufzubauen.

Entscheide dich nun dafür, diese Prozente zu integrieren. Integration vermag den Konflikt zu lösen und eine neue Stufe der Ganzheit herbeizuführen. Eine der einfachsten Integrationsübungen besteht darin, dich dafür zu entscheiden, dass es geschehen wird. Wenn die 80 % und die 20 % verbunden werden, entstehen neue Zahlen. Vielleicht sind es 100 % für den Erfolg, vielleicht aber auch 90 % für den Erfolg und 10 % dagegen. Die Prozentzahlen, die für dich herauskommen, können größer oder kleiner sein. Wenn du keine 100 % für den Erfolg erzielst, entscheide dich einfach dafür, die beiden Zahlen für und gegen den Erfolg noch einmal zu integrieren. Wenn du beispielsweise 90 % für und 10 % gegen den Erfolg herausbekommst und dich entscheidest, diese beiden Zahlen zu integrieren, dann werden es dieses Mal vielleicht 95 % für den Erfolg und 5% dagegen. Entscheide dich einfach immer wieder dafür, die Zahlen zu integrieren, bis du bei

100 % für den Erfolg angekommen bist. Fühle, wie es sich anfühlt, wenn du zu 100 % in Richtung Erfolg gehst. Spüre die Energie und die Empfindungen, die es auslöst. Fühle seine Farbe und seinen Farbton. Spüre den Klang des Erfolgs. Nimm diese Energie und wende sie ganz bewusst auf dein Leben an.

Wenn es in deinem Leben eine Situation gibt, die nicht vollkommen erfolgreich ist, dann befindest du dich in einem Konflikt. Du kannst diese Integrationstechnik auf jede Situation deines Lebens anwenden, die der Hilfe bedarf. Wende sie auf deine langfristigen Ziele an. Es kann sein, dass du andere Phasen in deinem Leben erreichst, in denen der Konflikt für und gegen den Erfolg auf einer neuen Stufe wieder zutage tritt. Wiederhole ganz einfach diese Übung. Vielleicht möchtest du dich sogar jede Woche fragen, zu wie viel Prozent du für deinen Erfolg bist und wie viel Energie du dagegen einsetzt. Denke daran, dass du, wenn dein Bewusstsein gespalten ist, dein höheres Bewusstsein darum bitten kannst, die Integration für dich zu vollziehen.

LEKTION 10
Entscheide dich für den Erfolg

Das Prinzip, um das es heute geht, ist sehr einfach: Entscheide dich für den Erfolg. Denke an eine Situation, in der du dich gerade befindest. Frage dich intuitiv, wie oft du dich für den Erfolg entscheiden müsstest, bis die Situation erfolgreich sein kann. Solltest du zwei Zahlen bekommen, stellen sie zwei Schichten deines Bewusstseins dar. Weil wir uns in der Regel in mindestens drei Wachstumsphasen gleichzeitig befinden, ist es nicht ungewöhnlich, dass sich diese verschiedenen Schichten in den Zahlen, die auftauchen, wiederfinden. Entscheide dich für den Erfolg, so oft es notwendig ist.

Wenn du deine Entscheidungen mit der ganzen Kraft deines Herzens und deines Geistes triffst, können sie bisweilen mehrere Schichten gleichzeitig klären. Wenn du den Prozess, dich für den Erfolg zu entscheiden, abgeschlossen hast, genieße das Gefühl. Wie sieht die Welt für dich aus? Wie siehst du für die Welt aus? Wenn es mehr als eine Stufe gibt, dann genieße es, dass du diese Stufe bewältigt hast, bevor du zur nächsten Stufe weitergehst.

Wenn du damit fertig bist, stell dir intuitiv die Frage: Wenn ich wüsste, wie viele Entscheidungen notwendig sind, um Erfolg für mein Leben im Allgemeinen zu bewirken, dann wären es wahrscheinlich... Denke daran, dass es so viele verschiedene Antworten gibt, wie es Typen von Menschen gibt. Vertraue in dieser Übung deinen Antworten. Als Beispiel wollen wir einmal annehmen, deine Zahl sei 789. Schreibe diese Zahl auf einem Blatt Papier auf, das du griffbereit halten kannst. Jedes Mal, wenn du dich für den Erfolg im Allgemeinen entscheidest, streiche die alte Zahl, in diesem Fall 789, durch. Schreibe die Zahl auf, die als nächste kommt. Meist ist es die nächst niedrigere Zahl, in diesem Fall also 788. Auch hier kann deine Entscheidung wieder so große Kraft haben, dass du mehrere Schichten gleichzeitig klären kannst. Nimm dir nun einige Minuten Zeit, um dich für den Erfolg im Allgemeinen zu entscheiden: 788, 787, 786, und so weiter.

Nimm dir im Laufe des Tages immer wieder ein wenig Zeit, in der du dich für den Erfolg entscheidest. Vielleicht willst du es zu einer festen Zeit tun, beispielsweise nach der Meditation, wenn dein Geist klarer ist, oder nachdem du deine Ziele angeschaut hast. Denke daran, dass du dich in jedem Bereich zu jeder Zeit für den Erfolg entscheiden kannst. Die Kraft der Entscheidung gehört dir, und du kannst alte, verborgene negative Entscheidungen auf diese Weise mühelos umkehren.

Wenn du eine hohe Zahl – beispielsweise 6788 – bekommst, möchtest du deine Entscheidung vielleicht in mehrere Kapitel unterteilen und die Entscheidung dann jeweils für ein ganzes Kapitel treffen. So könntest du beispielsweise eine Entscheidung für den Erfolg treffen, die für die 788 stehen soll, und dann jeweils eine weitere Entscheidung für jeweils 1000 der verbliebenen 6000. Auf diese Weise kannst du mit jeder Entscheidung 1000 abdecken. Frage dich zum Schluss ganz einfach, wie viele Entscheidungen übrig geblieben sind, die du noch treffen musst, um Erfolg zu haben.

Eine andere Methode: Wenn du eine hohe Zahl bekommst, frage dich, wie viele Entscheidungen für den Erfolg du treffen könntest, statt so viele Einzelentscheidungen treffen zu müssen. Manchmal ist die Zahl, die dann auftaucht, viel kleiner, manchmal ist es dieselbe große Zahl. Welche Zahl es auch ist – jede Entscheidung für den Erfolg, die du von ganzem Herzen triffst, trägt dazu bei, dein Leben aufzubauen. Dies ist eine sehr konstruktive Methode, deinen Geist einzusetzen.

LEKTION 11

Entscheide dich für den Erfolg –
ungeachtet dessen, was geschieht

Sich für den Erfolg zu entscheiden kann sehr hilfreich sein, wenn du dich in einem Konflikt mit einem anderen Menschen oder in einer Konfliktsituation befindest. Es braucht nicht mehr als einfaches Gewahrsein, um zu erkennen, dass du Erfolg haben willst. Die einzige Möglichkeit, um langfristig Erfolg zu haben, besteht darin, dafür zu sorgen, dass beide am Konflikt beteiligten Menschen erfolgreich sein können. Bei wahrem Erfolg geht es um Partnerschaft, nicht um den Sieg in einem Wettstreit, der lediglich zu noch mehr Konkurrenzdenken führt.

Denke an eine Konfliktsituation mit einem anderen Menschen, in der du dich zur Zeit befindest. Frage dich, wie viele Entscheidungen für den Erfolg notwendig sind, um die Situation, in der du dich befindest, erfolgreich zu machen. Entscheide dich so oft für den Erfolg mit dem betreffenden Menschen, wie es erforderlich ist. Wenn der Prozess abgeschlossen ist, genieße die neu gewonnene Zuversicht, das Gefühl von Partnerschaft und das Gefühl, dass du etwas erreicht hast.

Dies ist auch mit den Menschen möglich, bei denen es noch alten Schmerz oder unerledigte Angelegenheiten aus der Vergangenheit gibt. Frage dich einfach, wie viele aus dem Herzen kommende Entscheidungen für den Erfolg erforderlich wären, um die Situation vollkommen zu klären. Anschließend entscheide dich von ganzem Herzen für den Erfolg.

Beide an einem Konflikt müssen Erfolg haben.
Sieg im Wettstreit führt lediglich zu noch mehr Konkurrenz.

LEKTION 12
Entscheide dich für die Wahrheit

Die Erkenntnis, dass es wahr ist, dass du Erfolg haben sollst, ist sehr wichtig. Es ist wahr, dass wir heil sind. Unser Heilsein führt zu immer größerem Erfolg, zu immer größerer Freiheit und Mühelosigkeit. Es ist Fülle, Liebe und Glück. In Wirklichkeit sind wir heil, weil unser Geist heil ist: Als unser essenziellster Teil ist er sowohl heil als auch heilig[2]. Er ist unser Wesen, das unveränderlich und ewig ist. Auf der Stufe des Geistes sind wir vollkommen von Freude erfüllt und vollkommen erfolgreich. Zum gegenwärtigen Zeitpunkt der Evolution identifizieren wir uns jedoch noch immer mit unserem Ego, das gespalten und konfliktbeladen ist. Das führt dazu, dass wir in gegensätzliche Richtungen gehen und in gegensätzliche Ziele investieren. Wahrheit schließt Integrität ein, die eine Folge der Integration unserer gegensätzlichen Persönlichkeiten ist. Wahrheit bringt uns auf eine wahre Weise voran. Wahr ist, dass wir trotz all der Fallen, die uns zurückhalten, erfolgreich sein sollen. Wahr ist, dass wir trotz all unserer fehlgeleiteten Entscheidungen erfolgreich sein sollen. Wahr ist, dass wir trotz all unserer gegenteiligen Überzeugungen erfolgreich sein sollen. Die Wahrheit ist unsere Ganzheit, und Ganzheit ist die endgültige Wahrheit unserer Identität.

Denke darüber nach: „Es ist wahr, dass ich erfolgreich sein soll." Alles andere ist Unwahrheit, Selbsttäuschung und Konflikt, das zu einem Mangel an Integrität führt. Die Wahrheit ist, dass wir es ungeachtet entgegengesetzter Gefühle verdienen, erfolgreich zu sein. Schließe deine Augen und denke darüber nach: „Mein Erfolg ist die Wahrheit." Lass diese Wahrheit einsinken. Lass zu, dass sie dich erfüllt. Atme sie ein. „Erfolg ist für mich die Wahrheit." Atme sie aus.

---

2   Anm. der Übersetzerin: Der Verfasser verwendet hier die Worte „wholeness" (Ganzheit) und „holiness" (Heiligkeit), die fast gleich ausgesprochen werden.

„Es ist meine Wahrheit. Ich will die Wahrheit. Ich will auf einer wahreren und erfolgreicheren Stufe agieren. Ich will die Wahrheit. Ich will den Erfolg, der mir gehört. Ich liebe die Wahrheit. Ich will meinen Erfolg. Ich will, dass alle Illusion und Unwahrheit abfallen. Das Maß, in dem ich die Wahrheit über meinen Erfolg will, ist auch das Maß, in dem ich ihn haben werde. Mit jedem Atemzug atme ich Erfolg ein, erfülle mich mehr und mehr damit." Atme Erfolg mit jedem Atemzug aus. Säe ihn in die Luft, damit er hundertfach zu dir zurückkehrt.

LEKTION 13
Entscheide dich für deine Lebensaufgabe

Unser Bewusstsein richtet sich auf unsere Lebensaufgabe aus. Unser Ego macht dagegen mobil. Unsere Lebensaufgabe ist das Versprechen unserer Seele im Hinblick auf das, was sie in der Welt erreichen will. Es ist ein heiliges Versprechen in Bezug auf das, was wir zur Evolution und zur Beendigung des Leidens beitragen wollten. Unsere Lebensaufgabe ist unsere Berufung und die wichtigste Quelle unserer Erfüllung. Unser Glücklichsein, unsere Heilung, unsere Hilfe und die ganz besondere Aufgabe, die unser Beitrag ist, schenken uns Erfüllung. Erfüllung, die der Lohn für großen Erfolg ist, ist dem Ego ein Gräuel. Alle unsere schlimmen Traumata und Probleme hat das Ego ins Leben gerufen, um uns aufzuhalten und unsere Lebensaufgabe zu verschleiern, während sie in Wahrheit wichtige Lektionen sind, die wir lernen müssen, um unsere Lebensaufgabe erfolgreich erfüllen zu können. Wenn wir unsere Aufgabe erfolgreich erfüllen, dann sind wir auf der Seelenebene des Erfolgs erfolgreich. Dieser Erfolg ist kreativ. Er besagt, dass wir unsere Aufgabe, deretwegen wir hier sind, erfüllt haben.

Wenn wir unsere Aufgabe leben, öffnen sich Reiche der Kreativität, der Vision und des höheren Bewusstseins. Wenn wir uns für unsere persönliche Aufgabe entscheiden und uns ihr verpflichten – auch wenn wir nicht bewusst wissen, worin sie besteht –, dann heißt das, dass wir in Richtung Seelenerfolg gehen. Wenn wir jedes Problem als einen Versuch unseres Egos erkennen, uns abzulenken oder aufzuhalten, dann können wir uns unserer Aufgabe verpflichten, statt uns vom Ego betrügen zu lassen. Wir erkennen, dass wir unserer Aufgabe wegen hier sind, und wir lassen uns weder ablenken, noch haben wir Angst vor ihr. Wir werden alle Hilfe haben, die wir brauchen, um sie zu erfüllen, und wir erlangen Erfüllung, wenn wir uns ihr verpflichten. Wenn wir unsere Aufgabe leben, erfahren wir Befriedigung auf der Ebene unserer Seele.

Unsere Aufgabe steht in unserer Seele geschrieben. Gleichwohl haben wir große Angst vor dieser Stufe des Erfolgs und noch mehr Angst vor unserer Aufgabe. Wie groß unsere Angst ist, können wir an der Zahl der Fallen erkennen, die es anstelle des Maßes an Kreativität, Erfüllung und Erfolg, die mit unserer Aufgabe einhergehen, in unserem Leben gibt.

Verpflichte dich dazu, deine Lebensaufgabe und auch alle deine kleinen Aufgaben am Wegesrand zu erkennen. Verpflichte dich zu dieser Stufe der Vision, dieser Stufe der Größe. Verpflichte dich zu dieser Stufe des Seelenerfolgs. Dies wird dir den Weg nach Hause öffnen und der Welt auf hohen Ebenen helfen.

LEKTION 14
Entscheide dich für Gottes Willen für dich selbst

Gottes Wille für uns ist vollkommener Erfolg. Gottes Wille für uns sind alle guten Dinge. *Ein Kurs in Wundern* beschreibt Gott als das, was allen alles gibt. Wenn wir nur erkennen könnten, dass uns tatsächlich alle guten Dinge gegeben werden. Doch aus irgendeinem irrigen Grund weigern wir uns beharrlich, sie zu empfangen. Gott gibt sie. Wir blocken sie ab. Gott glaubt, dass wir alle guten Dinge verdient haben. Wir wollen sie nicht haben. Wer, glauben wir, hat Recht im Hinblick auf all die Dinge, die zu empfangen wir verdient haben? Wir oder Gott? Wir haben viele Fehler gemacht. Wir haben Gnade, Erfolg und die Freigiebigkeit des Himmels abgeschnitten. Gottes Wille für uns ist, dass wir vollkommen glücklich sein sollen. Unser Wille für uns selbst ist, dass wir nicht immer glücklich und erfolgreich sein wollen, denn sonst wären wir es.

Wir wollen unseren Willen auf den Willen Gottes ausrichten. Wir wollen uns dafür entscheiden, dass Gottes Wille unser eigener Wille ist. Heute wollen wir alle guten Dinge empfangen. Wir wollen das empfangen, was Gott uns gibt. Alles, was Gott uns gibt, ist gut.

Nimm dir heute ein wenig Zeit, um zu meditieren, dir Gottes Willen für dich selbst zu wünschen und das zu wollen, was Gott für dich will. Erlaube nicht, dass dein Ego dich ablenkt. Dein Ego will Trennung, etwas Besonderes sein, Angst, Konkurrenzdenken und Schuld, weil sie alle das Ego unterstützen. Gottes Wille unterstützt das Ego nicht, weil Gott keine Illusionen unterstützt. Triff die Entscheidung, dass du Gottes Willen für dich selbst willst. Mache ihn zu deinem eigenen Willen. Wolle ihn von ganzem Herzen. Lass heute alle guten Dinge herein.

LEKTION 15
Muster der Niederlage beseitigen

Entscheidungen im Hinblick auf Erfolg, die wir im Laufe unseres Heranwachsens getroffen haben, sind zu Mustern in unserem Leben geworden. Wenn es glückliche und kraftvolle Ereignisse waren, dann haben wir wahrscheinlich Entscheidungen getroffen, die unseren Erfolg gestärkt haben. Bei schmerzlichen oder traumatischen Erfahrungen ist die Wahrscheinlichkeit groß, dass wir im Hinblick auf uns selbst, das Leben und den Erfolg negative Entscheidungen getroffen haben. Diese negativen Entscheidungen sind zu verborgenen negativen Mustern geworden. Manchmal wurden diese Versagensmuster kompensiert. Das bedeutet, dass wir positiv gehandelt haben, um die negativen Muster abzuwehren. Weil es jedoch ein Abwehrmechanismus ist, werden wir für unser positives Handeln nicht belohnt. Diese Abwehrmechanismen kosten sehr viel Energie und führen schließlich zu Erschöpfung und Burnout.

Mit Hilfe unserer Intuition können wir uns der falschen Entscheidungen bewusst werden, die negative Muster erzeugt haben. Frage dich: Welches war das beste Jahr deines Lebens? Nimm wahr, was dir in den Sinn kommt. Wenn nichts kommt, dann rate einfach. Denken oder der Versuch, dich zu erinnern, kann deine Intuition nur blockieren. Jetzt frage dich: Wenn du es wüsstest, welches war dann das schlimmste Jahr deines Lebens? Diese Übungen bereiten deine Intuition vor. Deine Intuition ist eine Methode, um herauszufinden, wie das Bewusstsein funktioniert. Wirklich erfolgreiche Menschen wenden sie ständig an.

Nun frage dich:
Wenn du wüsstest, worin die schlimmste Blockade besteht, die dich daran hindert, erfolgreich zu sein, dann hat sie wahrscheinlich begonnen im Alter von…

Wenn du wüsstest, wer daran beteiligt war, dann war es wahrscheinlich…

Wenn du wüsstest, was geschehen ist, dann war es wahrscheinlich so etwas wie…

Wenn du wüsstest, welche Entscheidung du deswegen im Hinblick auf dich selbst und den Erfolg getroffen hast, dann war es wahrscheinlich…

Wenn du wüsstest, welche Auswirkung sie auf deinen Erfolg im Leben hatte, dann war es wahrscheinlich…

Stell dir nun vor, dass das Ereignis gerade stattfindet, du diesmal jedoch positive Entscheidungen für dich selbst triffst. Welche Entscheidungen willst du mit dem, was du jetzt weißt, an diesem Punkt für dich selbst treffen? Sei dir bewusst, dass die anderen, die an der Situation beteiligt waren, zuvor genau dieselben Entscheidungen gegen sich getroffen haben, die du gegen dich selbst getroffen hast. Das hat dazu geführt, dass sie sich auf eine Weise verhalten haben, die dir Schmerz verursacht und dich dazu gebracht hat, die Entscheidung zu treffen, dass dasselbe auch für dich gilt. Du bist nicht nur hier, um dir selbst zu helfen, sondern auch, um ihnen zu helfen. Stell dir deshalb vor, dass du ihr Bewusstsein klärst und ihnen hilfst, für sich selbst ebenfalls eine neue Entscheidung zu treffen. Stell dir vor, wie die Szene sich nun entfaltet, während du für dich selbst und alle anderen positive Entscheidungen triffst. Fahre so lange fort, bis es eine glückliche und erfolgreiche Szene ist.

LEKTION 16

Die Entscheidung beseitigen, mit der das Muster begonnen hat

Wir wollen noch einmal auf Lektion 15 zurückkommen, in der es um ein negatives Muster ging, das seinen Ursprung in unserer Vergangenheit hat. Ein negatives Muster kann nur dann entstehen, wenn wir uns dafür entscheiden. In dieser Lektion wollen wir eine Schicht des Bewusstseins erforschen, die noch tiefer liegt als die bereits erforschte Schicht, in der es um negative Entscheidungen ging, die wir aufgrund eines negativen Ereignisses getroffen haben. Auf dieser Stufe des Bewusstseins können wir einen Schritt weitergehen, um die Entscheidungen zu erforschen, die wir getroffen und die zu dem Ereignis geführt haben, das dieses Muster in Gang gesetzt hat. Es ist wichtig, dass wir uns dieser Stufe bewusst werden, wenn wir unser Leben und unseren Geist verstehen wollen. Stell dir vor, dass du jedes negative Ereignis in deinem Leben und das daraus entstandene Muster wirklich gewollt hast. Dann wird schnell klar, warum dieser Wunsch und unsere Entscheidungen in einen tieferen Bereich des Unterbewusstseins als üblich verbannt werden. Wenn uns dieser Bereich und die sich daraus ergebenden besseren Entscheidungen bewusst werden, dann sind wir in der Lage, den Vertrag mit dem Ego zu brechen. Erkenne, dass das Ego uns glauben machen will, ein solches Gewahrsein und die damit einhergehende Entscheidung für die Freiheit seien illoyal und ketzerisch. Es schleudert uns Schuldgefühle ins Gesicht, sobald wir zu forschen beginnen, damit wir den Versuch aufgeben, unser Selbstgewahrsein zu ergründen.

Das Ego will nur erfolgreich sein, damit es seine Überlegenheit gegenüber anderen schadenfroh feiern oder etwas ganz Besonderes darstellen kann. Es erzeugt aber auch Versagensmuster, um auf negative Weise etwas Besonderes zu sein, und es fußt nicht auf dem Fundament des Erfolgs, sondern auf dem der Trennung.

Nicht länger in unser Ego zu investieren heißt, dass wir *beginnen*, in uns selbst und in wahren Erfolg zu investieren.

Wir wollen nun zu der Frage zurückkehren, weshalb wir uns überhaupt für ein so negatives Muster entschieden haben. Auf der bewussten Ebene wissen wir, dass wir ein solches Muster in unserem Leben nicht haben wollen, aber nicht unser Bewusstsein ist es, um das wir uns kümmern müssen. Wenn wir das Unterbewusste nach oben in unser Bewusstsein bringen und die falschen Entscheidungen erkennen, die wir getroffen haben, dann erhalten wir die Chance, noch einmal neu zu entscheiden. Dadurch gelangen wir zu neuer Kraft.

Eine gute Methode, um das Unterbewusstsein zu erforschen, besteht darin, so zu tun, als ob du das negative Ereignis und das daraus resultierende Muster hättest haben wollen. Nimm dir ein wenig Zeit, um dich wirklich in die Situation hineinzuversetzen. Es kann sein, dass dein Ego sich wehrt. Erkenne diesen Widerstand an. Natürlich hast du das negative Muster nicht gewollt. Wir wissen es, aber es hat nichts genützt. Darum sei so nett und tu einfach so, als hättest du das negative Ereignis und das Muster wirklich gewollt. Wie konnte das passieren? Warum solltest du gewollt haben, dass es passiert? Erlaube dir zu raten. Was war die Belohnung? In welcher Weise hat es dir gedient? Vor welcher Angst wolltest du dich schützen? Denke über deine Antwort nach. Ergründe, was es dich gekostet hat.

Wenn du diese Übung nicht durchführen kannst, dann deshalb, weil du es dir noch nicht erlaubst. Es würde eine Verschwörung brechen, die das Ego gegen dich betreibt. Deine Furcht ist immer noch zu groß, um Licht auf das zu werfen, was in der Dunkelheit deines Bewusstseins verborgen liegt. Wenn dein Ego dich nicht so fest im Griff hat wie jetzt gerade, wird es dir gelingen. Sei unbesorgt. Dein Wunsch, dich selbst zu kennen, wird stärker werden. Wenn du Erfolg haben willst, dann bitte um die Hilfe des Himmels oder deines höheren Bewusstseins. Schau dir an, was das Muster dir gebracht hat und warum du glaubtest, es haben zu wollen. Hat es funktioniert? Hat es dich glücklich oder erfolgreich gemacht? Triff jetzt eine neue Entscheidung. Was willst du wirklich?

LEKTION 17
Die Geisteshaltung des Erfolgs

Die Geisteshaltung des Erfolgs ist eine Entscheidung. Sie ist eine Entscheidung, die erkennt, dass alle Dinge zu deinem Erfolg führen und dass alles, was geschieht, zu deinem Erfolg beiträgt. Der Erfolg ist auf dem Weg zu dir. Er gehört dir. Du liebst den Erfolg, und der Erfolg liebt dich. Du bringst dein Geschenk des Erfolgs in jede Situation ein, in der du dich befindest, und infolgedessen wird dein Erfolg wachsen. Du verdienst den Erfolg, und er verdient dich.

Es gibt keine negativen Ereignisse, sondern nur Situationen, die dir wie negative Ereignisse vorkommen. Wenn ein scheinbarer Rückschlag geschieht, dann entscheide dich einfach dafür, das Ereignis mit der Geisteshaltung des Erfolgs zu betrachten. Sage dir: „Das wird dem Erfolg nicht im Wege stehen. Es wird ein Mittel zum Erfolg sein. Ich werde nicht zulassen, dass dieses Ereignis mich zurückhält. Ich werde es benutzen, um heil zu werden und zu lernen, und es wird mir als Sprungbrett dienen, um mich auf eine ganz neue Stufe des Erfolgs zu befördern."

Deine Geisteshaltung gibt deine Richtung vor. Die Geisteshaltung des Erfolgs sieht keinen Grund, nicht erfolgreich zu sein, völlig ungeachtet der Situation. Es ist nun einmal so, dass uns im Leben auch schwierige Dinge zustoßen und wir die Erfahrung machen, dass die Welt sich nicht wirklich um uns sorgt. Diese Tatsache können wir entweder als eine Ausrede benutzen, um aufzugeben, oder als einen Weg, der uns voranbringt. Die Geisteshaltung des Erfolgs weiß, dass Erfolg die Wahrheit ist und dass wir ebenso gut nach dem leben können, was wahr ist. Wir können zulassen, dass uns die Ereignisse in unserem Leben zurückhalten, oder wir können sie als Mittel nutzen, um Riesensprünge nach vorne zu machen. Die Geisteshaltung des Erfolgs weiß, dass uns ein Sprung nach vorne gelingt, was auch immer geschieht.

Übe dich darin, dir die Geisteshaltung des Erfolgs zu eigen zu machen. Sprich die folgenden Sätze laut aus: „Der Erfolg kommt zu mir.

Ich nehme ihn von ganzem Herzen an. Der Erfolg gehört mir, und ich gehöre dem Erfolg. Meine Geisteshaltung des Erfolgs verhilft mir selbst und anderen Menschen zum Erfolg. Durch meine Geisteshaltung des Erfolgs wird jedes scheinbar negative Ereignis zum Abenteuer, das zum Erfolg führt. Ich bin immer gespannt darauf, in Erfahrung zu bringen, wie scheinbar negative Ereignisse sich umkehren und darauf hinarbeiten, mir Erfolg zu bringen. Der Erfolg ist mein Ziel. Er ist der Weg zu meinem Ziel. Alles, was geschieht, ist nur etwas, das auf meinem Weg zum Erfolg liegt."

Nimm ein Ereignis aus deinem Leben und wende deine neue Geisteshaltung des Erfolgs darauf an. Nimm ein negatives Ereignis aus deiner Vergangenheit und wende die Geisteshaltung des Erfolgs darauf an. Nimm die Geisteshaltung des Erfolgs jetzt und für den Rest deines Lebens von ganzem Herzen an.

LEKTION 18
Sich für den Erfolg in der Vergangenheit entscheiden

Wenn wir erfolgreich – wahrhaft erfolgreich – sind, leben wir in der Gegenwart. Hier findet Erfolg statt. Sind wir nicht erfolgreich, werden wir durch Programmierungen aus unserer Vergangenheit beeinflusst. Kaum einer von uns lebt in der Gegenwart. Die Vergangenheit hat es sabotiert. Wir könnten die Vergangenheit heilen, um gegenwärtiger und erfolgreicher zu werden. Wir könnten in Bezug auf all die vergangenen Ereignisse, die uns verletzt und unseren Rückzug bewirkt haben, eine neue Entscheidung treffen, um an einen Ort des Erfolgs zurückzukehren. Wir wollen nicht von der Vergangenheit beherrscht werden. In Wirklichkeit wollen wir unsere Vergangenheit beherrschen, damit wir Erfolg haben können. Alle Probleme, die wir in der Gegenwart haben, sind lediglich unerledigte Geschäfte aus der Vergangenheit. Irgendwie haben wir uns in die Herrschaft des Egos eingekauft, das verlangt, dass wir an diesen Mustern aus der Vergangenheit festhalten. In Wahrheit gibt es keinen guten Grund, weshalb wir das tun sollten, sondern ausschließlich falsche Gründe. Unser Ego bedient sich vergangener Ereignisse, um uns vom Erfolg fernzuhalten. Es will, dass wir von ihm abhängig sind, wenn wir Antworten bekommen wollen. Das Ego hat versprochen, dass wir bei ihm sicher seien, aber diese sogenannte „Sicherheit" führt nur zu mehr und zu noch größeren Problemen. Die endgültige Lösung am Ende des Weges, den das Ego geht, ist der Tod. Wenn wir nicht das Gefühl haben, dass uns aus unserer Vergangenheit nur Segnungen zuteil werden, dann ist das ein Zeichen dafür, dass es negative Muster gibt, die toxisch geworden sind und an uns fressen. Das ist ganz gewiss nicht erfolgreich, auch wenn wir eine Zeit lang gute Miene zum bösen Spiel machen mögen.

Nimm ein schmerzhaftes Ereignis aus deiner Vergangenheit. Wenn es scheinbar negativ ist oder sich schmerzhaft anfühlt, dann ist es offenkundig nicht geheilt und nicht erledigt. Bis wir das Ereignis aus der Vergangenheit endlich loslassen, wird es ähnliche Ereignisse in der Gegenwart herbeiführen. Die Gegenwart ist unser Ort der Kraft. Hier können wir neue Entscheidungen treffen.

Nimm das Ereignis aus der Vergangenheit und bitte dein höheres Bewusstsein – dein kreatives Bewusstsein – darum, es für dich zu heilen. Mache dir bewusst, dass alle Belohnungen für diese Ereignisse vorgetäuscht sind. Bitte dein kreatives Bewusstsein darum, es zu transformieren. Bitte von ganzem Herzen darum. Nimm das Ereignis aus den Händen deines Egos und übergib es deinem höheren Bewusstsein. Wenn du bereit bist, den Groll, das Schwelgen (siehe Glossar) und die Ausreden aufzugeben, die es dir in der Gegenwart ermöglicht, dann wird dein höheres Bewusstsein die Angelegenheit für dich heilen, und das bisweilen auf eine wundersame Weise.

LEKTION 19
Gott hat dich als Erfolg geschaffen

Gott hat uns erfolgreich geschaffen. Er hat uns geschaffen, um erfolgreich zu sein. Gott – als der höchste Erfolg – hat uns als Erfolg geschaffen. Dies ist unser geistiger Seinszustand. Dies ist unsere immanente Natur. Dies ist unsere höchste Identität. Die Erkenntnis, dass dieser Erfolg ein natürlicher Bestandteil unserer Wesensnatur ist, spielt für den sorgenfreien Erfolg eine entscheidende Rolle.

Meditiere eine Weile über diese Aussage. Fühle dich hinein: „Der Erfolg hat mich als Erfolg geschaffen. Der Erfolg hat mich zum Erfolgreichsein geschaffen." Wünsche dir, dies von ganzem Herzen zu erkennen. Es ist die Wahrheit. Es ist das, was du bist. Es ist die Grundlage aller guten Dinge, die für dich bestimmt sind. Es ist die Grundlage für den Himmel auf Erden.

Wiederhole heute immer dann, wenn du daran denkst, die Worte:

„Gott hat mich erfolgreich geschaffen." Beschließe, es jede Stunde zu tun. Wenn du zu anderen Zeiten daran denkst, wiederhole: „Der Erfolg hat mich als Erfolg geschaffen." Nimm dir immer dann, wenn du es sagst, einen Moment Zeit, um dir bewusstzumachen, was du sagst und welche Auswirkungen es auf dein Leben hat.

LEKTION 20
Mangel an Erfolg
ist eine Form passiver Aggression

Denke einen Augenblick lang über dein Leben nach. Wie erfolgreich ist es? Dann untersuche den Mangel an Erfolg, den es in deinem Leben gibt. Wir wollen uns einmal einen Moment lang vorstellen, dass dein Mangel an Erfolg eine Möglichkeit ist, deinem Zorn Luft zu machen, ohne zornig zu erscheinen. Zorn, der versucht, die Tatsache, dass wir zornig sind, zu verschleiern, nimmt die Form von Rückzug oder passiver Aggression an. Passive Aggression ist eine Möglichkeit, einen anderen anzugreifen und gleichzeitig zu verhindern, dass man selbst angegriffen wird, wie es bei einem Kampf der Fall wäre. Natürlich ist passive Aggression nicht erfolgreich, auch wenn es zunächst so erscheinen mag. Wenn wir passiv aggressiv sind, werden die Menschen in unserem Umfeld immer zorniger, obwohl sie nicht unbedingt bewusst wahrnehmen, was passiert. Wenn wir uns – in welcher Form auch immer – aggressiv verhalten, werden wir angegriffen. Manchmal erfolgt der Angriff von außen „häppchenweise", zum Beispiel in der Form, dass andere sich beklagen. Manchmal erfolgt er in Form eines Sturmangriffs und ist scheinbar sehr ungerecht. Dann hat es den Anschein, als würde jemand auf uns herumtrampeln oder herumhacken, weil wir unseren eigenen Zorn verleugnet haben. Wenn wir jedoch Zorn säen, werden wir auch Zorn ernten.

Deine passive Aggression, die nicht zum Erfolg führen kann, ist gegen eine ganz bestimmte Person gerichtet. Wer könnte das sein? Wer ist der einzige Mensch, gegen den sich dein Mangel an Erfolg richten könnte? Ist er es dir wert, dass du deinen Erfolg aufs Spiel setzt? Wirst du diesen Menschen benutzen, um dich zurückzuhalten? Meist weiß der betreffende Mensch noch nicht einmal, dass du ihn angreifst. Willst du so dein Leben definieren: durch einen Mangel an Erfolg, den du dazu benutzt, jemand anderen anzugreifen? Wird dieser Mensch dir als Ausrede dienen, um keinen Erfolg zu haben? Willst du wirklich erfolgreich sein, oder ist der Wunsch, jemand anderen anzugreifen, dir wichtiger? Du könntest deinen Zorn heilen, wenn du es wirklich wolltest. Willst du? Dies sind wichtige Fragen. Deine Reife und dein Erfolg hängen von den Antworten ab. Das Leben wird so sein, wie du es haben willst. Wie willst du es haben?

LEKTION 21
Was mich daran hindert, erfolgreich zu sein

Wähle einen bestimmten Bereich deines Lebens, in dem du nicht erfolgreich bist. Frage dich, wie viele Schritte du in diesem Bereich vom Erfolg entfernt bist. Suche dir etwas aus, das diesen Erfolg für dich darstellen kann. Wenn du in deinem unmittelbaren Umfeld nichts findest, dann tu es einfach in deiner Vorstellung. Entferne dich nun von diesem Erfolg. Geh die Anzahl an Schritten, die dir auf deine obige Frage in den Sinn gekommen ist. Wenn es viele Schritte sind – etwa 60 oder 800 –, kannst du sie auch in Zehnerblöcken zählen, beispielsweise sechs Schritte für 60 oder acht Schritte für 800. Dadurch klärst du in groben Zügen das, was dich in diesem Bereich am Erfolgreichsein hindert.

Da du selbst dich so viele Schritte vom Erfolg entfernt hingestellt hast, frage dich: Was hindert mich daran, erfolgreich zu sein? Nimm wahr, was dir als erstes in den Sinn kommt. Was auch immer es ist, frage dich: Lasse ich zu, dass es mich zurückhält, oder bin ich bereit, in Richtung meines Erfolgs voranzugehen? Beim nächsten Schritt frage dich wieder: Was hindert mich daran, erfolgreich zu sein? Geh wiederum einen Schritt voran, wenn du bereit bist, das loszulassen, was dich zurückhält. Dies ist eine einfache Übung, mit deren Hilfe du entdecken kannst, was dich zurückhält. Dann entscheidest du, ob der Erfolg dir wichtiger ist als diese Falle. Wenn du spüren kannst, dass der Erfolg dir wichtiger ist, geh wieder einen Schritt nach vorne, bis du den Erfolg umarmen kannst. Ist dir bewusst, dass du das, woran du festhältst, gegen alle Menschen benutzt, die du liebst, und dass du das Problem an sie weitergibst, vor allem an deine Kinder, wenn du welche hast? Ist es das, was du wirklich willst, oder willst du stattdessen lieber Erfolg haben?

LEKTION 22

Das Ausmaß unserer Würdigkeit ist das Ausmaß unseres Erfolgs

Würdigkeit kann mit Erfolg gleichgesetzt werden. Frage dich, wie würdig du dich auf einer Skala von 100 % fühlst. Dann frage dich, wie erfolgreich du auf der Skala von 100 % bist. Liegen die beiden Zahlen nicht nahe beieinander, machst du dir im Hinblick auf das eine oder das andere wahrscheinlich etwas vor. Dein Gefühl der Würdigkeit ist bestimmend dafür, wie viel Erfolg du dir selbst zugestehst. Es ist wichtig, dass du dich deiner Würdigkeit verpflichtest, wenn du Erfolg haben willst, da sie ein Schlüsselelement für den Erfolg ist. Viele Menschen versuchen erfolgreich zu sein, damit sie sich würdig fühlen können, aber das ist der lange Weg hin zum Erfolg. Es ist deine Würdigkeit, die deinen Erfolg herbeiführen wird, wenn du deine Aufmerksamkeit auf deinen Selbstwert richtest. Denke daran, dass Gott dich für vollkommen würdig hält. Dein Ego dagegen will dich entweder aufbauschen oder dich „in Schrumpffolie einschweißen". Es will dich im Teufelskreis von Überlegenheit/Unterlegenheit gefangen halten, in dem du dich entweder über oder unter die Menschen in deiner Umgebung stellst. Hier sind ein paar Punkte, die dein Selbstwertgefühl einfach und schnell stärken können:

1. Gib anderen Menschen. Es verleiht ihnen Wert, und im Gegenzug gibt es dir Wert zurück.
2. Denke an jemanden in deinem Umfeld, der wenig Selbstwertgefühl hat. Stell dir vor, dass du dein Selbstwertgefühl energetisch mit ihm teilst. Das wird sein Selbstwertgefühl zum Leben erwecken, und euer beider Selbstwertgefühl wird dadurch wachsen.
3. Liebe dich selbst. Gib dir selbst.

In dem Maße, in dem deine Würdigkeit zunimmt, wird auch dein Erfolg wachsen.

LEKTION 23

Das Ausmaß unserer Zuversicht ist das Ausmaß unseres Erfolgs

Unsere Zuversicht gleicht unserem Erfolg. Wir gestatten uns, erfolgreich zu sein, wenn wir die Zuversicht dazu haben. Wenn wir keine Zuversicht haben, dann üben wir Kontrolle aus. Anstatt zuversichtlich zu sein, dass wir den Fluss der Dinge wahrnehmen und mit ihm gehen, versuchen wir uns selbst, andere Menschen oder den Prozess, der sich entfaltet, zu kontrollieren. Wir benutzen Probleme als eine Form der Kontrolle über uns selbst und andere. Zuversicht ist gepaart mit dem Wissen, dass wir mit allem, was kommt, umgehen können, und Probleme sind dann einfach etwas, womit wir umgehen müssen. Unsere Zuversicht bringt uns auf eine unwiderstehliche Weise voran. Sie sorgt für ein hohes Maß an Gewahrsein, und wir vertrauen darauf, dass wir alles meistern und weiter vorankommen können. In gleichem Maße vertrauen wir auch uns selbst und dem Himmel.

Wir glauben oft, dass wir keine Zuversicht haben. In Wahrheit erfahren wir jedoch nur all die negativen Gedanken, Überzeugungen und Emotionen, die zwischen uns und unserer Zuversicht stehen. Wenn wir sie loslassen könnten, dann würden wir Zuversicht gewinnen. Unser Leben wäre erfolgreich. Wir entscheiden uns dafür, unser Bewusstsein – das größte Geschenk und die größte Kraft, die wir haben – in eine negative Richtung zu investieren.

Statt falsch zu investieren, wollen wir unser Bewusstsein darauf richten, in das zu investieren, was wahrhaft positiv ist. Wenn du das Gefühl hast, von den Emotionen der Angst, der Unwürdigkeit oder vergangener Schmerzen überwältigt zu werden, dann ist es Zeit, dass du dich ihnen stellst. Wenn wir uns ihnen stellen, dann erkennen wir, dass wir sie überwinden oder einfach loslassen können. Es ist möglich, diese schmerzlichen Emotionen zu erfahren, ohne sich von ihnen abzuwenden. Paradoxerweise verlieren sie ihren Halt über uns, wenn wir ihre Intensität verstärken. Wenn wir den Mut haben, all die negativen Emotionen, die wir erfahren, mit Hilfe ihrer eigenen Intensität zu verbrennen, dann bleibt nur unsere Zuversicht übrig.

Entscheide dich heute für die Zuversicht. Entscheide dich dafür, zuversichtlich zu sein. Visualisiere und manifestiere Zuversicht. Lass entweder das, was im Weg steht, los oder nimm jede negative Emotion wahr, bis sie zurückweicht und nur die Zuversicht bleibt.

LEKTION 24

Das Ausmaß unserer Unschuld
ist das Ausmaß unseres Erfolgs

Wenn wir uns unschuldig fühlen, dann haben wir das Gefühl, würdig zu sein. Wenn wir uns unschuldig fühlen, dann wissen wir, dass wir alle guten Dinge verdienen. Unsere Unschuld lässt uns ein Leben führen, das von Glück und Erfolg erfüllt ist. In einem Leben der Unschuld gibt es Schönheit, Eleganz und Anmut. Es gibt Leichtigkeit und Fülle. Alle Menschen – sofern sie sich nicht auf profunde Weise selbst geheilt haben – erfahren ein gewisses Maß an Schuld. Unser Ego benutzt diese Schuld, um dafür zu sorgen, dass wir stecken bleiben, und um sich selbst zu stärken. Es sorgt dafür, dass wir isoliert, einsam und in unserem Selbstangriff gefangen bleiben. Schuld führt zu Selbstbestrafung, die in verschiedenen Formen auftreten kann, zum Beispiel in Form von Mangel.

Unschuld dagegen hebt die Trennung auf und lässt uns die Freude wahrnehmen, die von der Erkenntnis herrührt, dass wir mit allen Menschen verbunden sind. Unschuld lässt zu, dass wir die Belohnungen empfangen, die uns zustehen.

Wir sind mit Ego-Schuld überkrustet. Wir benutzen sie, um stecken zu bleiben in dem vergeblichen Versuch, uns vor unserer Angst zu schützen. Damit folgen wir einer Strategie unseres Egos, die uns voranbringen soll. Unschuld entspringt unserem Sein, und so wurden wir auch erschaffen. Sie ist auf eine natürliche Weise erfüllt. So wurden wir erschaffen.

Verpflichte dich heute deiner Unschuld. Erkenne sie als die Wahrheit. Akzeptiere nichts anderes als deine Realität. Fehler, die wir alle gemacht haben, können korrigiert werden. Wir wollen die Lektion einfach lernen. In dem Maße, in dem du deine Unschuld annimmst, wirst du eine neue Stufe der Weisheit und Zuversicht in dir selbst erkennen. Wenn du deine Unschuld annimmst, wirst du nicht in Selbstangriff verfallen. Nimm deine Unschuld aus vollem Herzen an, da sie die Grundlage allen Erfolgs ist. Visualisiere und manifestiere Unschuld.

LEKTION 25
Das innere Kind lieben

Wir haben nicht ein inneres Kind. Wir haben viele innere Kinder, die verschieden alt sind. Ihr Alter reicht von vor der Geburt bis zum Teenager. Jedes Mal, wenn wir auf eine Weise gelitten haben, die stark genug war, um unsere Verbundenheit zu brechen, hatte das Trennung zur Folge, und ein Teil von uns kam emotional zu einem Stillstand. Dieser Teil ist noch immer in einer Vergangenheit gefangen, die uns in der Gegenwart leiden lässt. Um dem Schmerz ein Ende zu bereiten, verdrängen oder unterdrücken wir diese Selbstanteile, so gut es geht, aber das funktioniert nicht. Dieser Schmerz wird so lange in uns bleiben und an uns nagen, bis wir ihn heilen. Da, wo Trennung geschehen ist, wurden Leitungen in unserem Herzen und unserem Bewusstsein zerschnitten. Das Leben wurde anstrengender und weniger erfolgreich.

Alles, was diese inneren Kinder brauchen, ist Liebe. Bekommen sie diese Liebe, wachsen sie weiter, bis sie dein jetziges Alter erreicht haben. In dem Maße, in dem sie dies tun, werden sie wieder in dich hineinintegriert, und die Leitungen in deinem Herzen und deinem Bewusstsein werden wieder neu verbunden. Dadurch werden der Schmerz und die Muster der Selbstsabotage aufgelöst. Die Integration bewirkt, dass es in deinem Leben mehr Fluss und größere Leichtigkeit gibt. Sie führt auf natürliche Weise zu mehr Zuversicht und größerem Erfolg.

Stell dir folgende Frage und achte darauf, was dir in den Sinn kommt: Wenn ich wüsste, welche die drei schwersten Traumata meines Lebens waren, dann geschahen sie wahrscheinlich, als ich ...., ... und .... Jahre alt war.

Rate einfach und benutze die Jahreszahlen, die dir in den Sinn kommen. Beginne, indem du eine dieser Jahreszahlen ergründest. Die inneren Kinder, die in diesem Alter sind, brauchen deine Hilfe. Stell dir vor, wie du diese Kinder in deine Arme nimmst und sie einfach liebst.

Während du dies in Gedanken tust, kannst du gleichzeitig viele andere Dinge tun. Du kannst dich aber auch voll darauf konzentrieren, diese Kinder zu lieben. Wenn du sie liebst, werden sie zu wachsen beginnen. Wiederhole diese Übung für jedes Alter. Nachdem du die ersten drei Traumata im Laufe des Tages möglichst umfassend geheilt hast, geh zu jedem schmerzlichen Ereignis deines Lebens zurück und finde die inneren Kinder, die in Schuld, Scham oder Herzensbruch gefangen sind. Liebe sie, bis sie herangewachsen und wieder mit dir verschmolzen sind. Dadurch wird das Muster der Selbstsabotage geheilt, das sie aufrechterhalten haben.

LEKTION 26
Ausreden aufgeben

Ausreden bringen unseren Erfolg zum Stillstand. Ausreden zeigen, dass wir nicht die Verantwortung für uns selbst, für unser Handeln oder unsere Situation übernehmen. Wir alle können sehr wahrscheinlich auf Ereignisse in unserem Leben zurückblicken, die verhindert haben, dass wir erfolgreich waren. Irgendwo sagen wir uns selbst: „Wenn dies nur nicht passiert wäre. Wenn dieser Mensch sich nur nicht so verhalten hätte." Solche Feststellungen sind Ausreden. Es sind Bereiche, in denen wir noch immer eine Opferrolle annehmen, welche die kraftraubendste aller Rollen ist. Der Glaube, dass wir ein Opfer sind, führt dazu, dass wir kleinmütig und defensiv handeln. Er bringt uns dazu, dass wir uns zurückziehen oder anderen wirklich oder bildlich das antun, was uns selbst angetan wurde. Das lässt nur wenig Raum für Reife und Erfolg. Es führt dazu, dass wir weiterhin durchs Leben hinken und vor unserer Angst zurückschrecken. Die Alternative wäre, dass wir uns dieser Angst stellen und von dort aus weitergehen.

Auf einer bestimmten Stufe liefert jedes Problem uns eine Ausrede. Wir benutzen unser Problem als Tarnung für unsere Angst, und oftmals ist es die Angst vor Erfolg. Es wird Zeit, dass wir eine neue Verantwortung übernehmen und uns unserer Angst stellen. Wir haben die Wahl: Wir können unsere Ausreden haben, oder wir können Erfolg haben. Jeder hat Probleme. Erfolgreiche Menschen benutzen keine Ausreden. Sie übernehmen die Verantwortung und finden einen Weg hindurch. Außergewöhnlicher Erfolg braucht außergewöhnliche Verantwortung.

Untersuche die Probleme, die es zurzeit in deinem Leben gibt. Welche Ausreden liefern sie dir? Du könntest zum Beispiel das Problem haben, dass du zu wenig Zeit hast, was dir eine Ausrede dafür liefert, weniger Zeit mit deiner Familie verbringen zu müssen. Triff eine neue Entscheidung für den Erfolg. Vermeide Ausreden.

Zeichne eine Tabelle mit drei Spalten und folgenden Überschriften: Gegenwärtige Probleme, Ausreden und Neue Entscheidungen. Trage unter „Gegenwärtige Probleme" ein Problem ein. Trage anschießend ein, für welche Ausrede du es benutzt: Was erlaubt es dir zu tun? Was brauchst du seinetwegen nicht zu tun? Schreibe als Nächstes nieder, welche neue Entscheidung du stattdessen treffen möchtest.

Gegenwärtige Probleme	Ausreden	Neue Entscheidungen
1.		
2.		
3.		

Ergründe nun einige der größeren Probleme, die du in der Vergangenheit hattest, und entscheide dich dafür, die Verantwortung für sie zu übernehmen. Wenn du das tust, gib die Ausreden aus der Vergangenheit auf, die dich zurückhalten. Denke daran, dass Verantwortung etwas damit zu tun hat, dass man auf andere eingeht[3], und absolut keine Schuld in sich birgt. Schuld ist nur eine weitere Ausrede. Zeichne wieder eine Tabelle mit drei Spalten, diesmal mit folgenden Überschriften: Vergangene Probleme, Ausreden und Neue Entscheidungen.

---

3   Anm. der Übersetzerin: Der Verfasser benutzt die englischen Begriffe „responsibility" (Verantwortung) und „responsiveness" (Fähigkeit, auf andere einzugehen).

Vergangene Probleme	Ausreden	Neue Entscheidungen
1.		
2.		
3.		

Untersuche nun die schlimmsten Erfahrungen deines Lebens auf dieselbe Weise. Zeichne wieder eine Tabelle mit drei Spalten und folgenden Überschriften: Schlimmste Erfahrungen, Ausreden und Neue Entscheidungen.

Schlimmste Erfahrungen	Ausreden	Neue Entscheidungen
1.		
2.		
3.		

Du kannst jedes Ereignis in deinem Leben umkehren, um dir selbst neue Kraft zu verleihen. Jedes Ereignis kann ein Mittel zum Erfolg sein, wenn du diese Entscheidung triffst.

LEKTION 27
Das Ausmaß, in dem wir im Fluss sind, ist das Ausmaß unseres Erfolgs

Wenn unser Leben im Fluss ist, dann gelangen wir auf natürliche Weise auf eine noch höhere Stufe des Erfolgs. Wir müssen es nicht erzwingen. Es ist nicht mit harter Arbeit verbunden. Es ist so mühelos, wie stromabwärts auf einem Floß zu treiben. Es gibt ein Gefühl freudiger Erwartung, und wir wissen, dass alle guten Dinge auf dem Weg zu uns sind. Im Fluss zu sein ist eine der Gaben, die uns durch Führung zuteil wird und die uns zu allen anderen Gaben hinführt. Befangenheit und Selbstangriff bringen den Fluss zum Stillstand. Auf einer bestimmten Stufe ist jedes Problem eine Form von Selbstangriff. Wir werden von unseren eigenen Selbstkonzepten angegriffen, die extrem fordernd sein können. Unser Selbstangriff unterstützt die elementarsten Selbstkonzepte, mit denen wir uns identifizieren, was wiederum unser Ego unterstützt.

Selbstkonzepte, dass wir uns unter Druck setzen, unterstützen zum Beispiel stets weitere grundlegende Selbstkonzepte im Hinblick darauf, dass wir perfektionistisch sind. Wir sind in den Folterkammern unserer Selbstkonzepte gefangen, die wir für uns selbst geschaffen haben. Die Stimmen unserer Selbstkonzepte, aus denen unser Ego besteht, können uns dazu bringen, dass wir uns weiter und weiter in uns selbst zurückziehen. Sie sagen uns, was wir zu tun haben, damit wir dazugehören können. Wir hetzen herum und versuchen all die Dinge zu tun, von denen wir glauben, dass sie funktionieren werden. Diese Strategie hat niemals Erfolg. Wie versuchen uns dem Selbstangriff zu entziehen, indem wir uns ablenken oder ständig beschäftigt sind, aber das funktioniert nicht. Jeder Selbstangriff dient dem Ziel, den Fluss in unserem Leben zum Stillstand zu bringen. Wo wir im Fluss sind, dort sind wir erfolgreich, und unser Ego beginnt zu schmelzen. Viele Dinge können dazu beitragen, dass unser Leben im Fluss bleibt. Dazu gehören Geben, Inspiration, Intuition, Freundschaft, Spiel, Humor, Spontaneität und so weiter. Schuld und Selbstverurteilung, die nur dazu führen, dass wir über andere Menschen urteilen, bringen den Fluss hingegen zum Stillstand.

Eine absolut sichere Methode, um in den Fluss zurückzugelangen, besteht darin, einem anderen Menschen zu helfen. Wenn du nicht im Fluss bist, in dem du weißt, dass alle guten Dinge unterwegs zu dir sind, dann frage dich, wer deine Hilfe braucht. Geh zu dem Menschen, an den du zuerst denkst. Schreibe ihm, rufe ihn an oder schicke ihm ganz einfach deine Liebe. Damit wird das Selbstkonzept aufgelöst, das dich zurückhält. Achte darauf, dass du dein Gewahrsein nicht verlierst. Meist dauert es keine Minute, bis ein anderes Selbstkonzept dich angreift, um dich aus dem Fluss zu bringen. Frage dich wiederum, wer deine Hilfe benötigt. Führungsstärke bedeutet, auf die Hilferufe anderer Menschen einzugehen. Gib ihnen deine Liebe und deine Unterstützung. Damit hilfst du sowohl dir selbst als auch ihnen, in den Fluss zurückzugelangen.

LEKTION 28

Das Ausmaß, in dem wir empfangen, ist das Ausmaß unseres Erfolgs

In welchem Maße wir zulassen, dass wir empfangen, können wir daran beurteilen, wie erfolgreich, glücklich und erfüllt wir sind. Wir könnten ein Leben der Leichtigkeit und der Gnade führen. Leider sind nur sehr wenige Menschen gut im Empfangen. Empfangen braucht Mut. Wenn wir im Empfangen gut wären, dann würden wir uns öffnen, und es gäbe einen Strom guter Dinge in unserem Leben. Wir haben jedoch Angst davor, uns zu öffnen. Wir haben Angst vor dem Fühlen. Wenn wir anfangen, gute Dinge im Leben zu empfangen, dann geschieht es oft, dass der Schmerz, die Schuld und die Negativität, die in uns vergraben sind, aus unserem Inneren aufzusteigen beginnen, weil sie durch das Gute ersetzt werden. Wir glauben fälschlicherweise, dass das Empfangen den Schmerz hervorruft, statt die Wahrheit zu erkennen: dass es nämlich der Beginn unserer Heilung ist. Weil wir es jedoch falsch verstehen, und um dem Schmerz aus dem Weg zu gehen, schneiden wir uns vom Empfangen ab. Unsere Fähigkeit des Empfangens ist ebenso groß wie unsere Fähigkeit, mit anderen Menschen und dem Himmel eine Partnerschaft einzugehen. Diese Partnerschaft schützt uns, derweil wir uns öffnen. Jedes schmerzliche Ereignis in unserem Leben hat bewirkt, dass wir uns ein wenig mehr gesperrt haben und weniger gut empfangen können. Dies können wir aber umkehren, indem wir uns einfach dafür entscheiden, uns zu öffnen, damit wir empfangen können.

Es ist an der Zeit, all das zu empfangen, was dir angeboten wird. In einer Hinsicht besteht dein einziges Problem im Hinblick auf Erfolg darin, wie wenig du dir gestattest, etwas zu empfangen. Verpflichte dich heute, all die Geschenke zu empfangen, die das Leben für dich hat. Öffne dich für all die Geschenke, die Gott für dich hat. Öffne dich für all die Antworten, die dein höheres

Bewusstsein für dich hat. Öffne dich für all die Liebe, die dir heute angeboten wird. Erlaube dir, den Erfolg zu empfangen, der heute für dich vorhanden ist. Betrachte alle Schwierigkeiten in deinem Leben als eine Angst vor dem Empfangen. Gelobe, sie zu heilen. Nutze deine Liebe, um die Angst zum Schmelzen zu bringen. Empfangen ist eine Form von Liebe. Gestatte dir heute, dass du geliebt wirst. Die Freigiebigkeit des Erfolgs wartet auf dich.

LEKTION 29

Das Ausmaß, in dem wir geben, ist das Ausmaß unseres Erfolgs

Wo Erfolg ist, dort findet sich auch Geben. Geben öffnet die Tür zum Empfangen. Empfangen öffnet die Tür zu mehr Geben. Unser Geben kommt unserem Erfolg gleich, vor allem dann, wenn wir unsere Geschenke, unsere Liebe und uns selbst geben. Auch Problemsituationen können wir als Orte betrachten, an denen wir unsere Geschenke, unsere Liebe und uns selbst nicht gegeben haben. Wenn wir zum Beispiel über unsere Arbeit klagen, dann wird sie erst in dem Augenblick besser oder interessanter werden, in dem wir uns selbst in größerem Maße geben. Durch unser Geben bekommt die Arbeit für uns einen Sinn, und das ist kreativ. Wenn wir uns bei einer „schlechten" Arbeitsstelle uneingeschränkt geben, dann werden wir entweder befördert oder die Arbeitssituation verändert sich zum Besseren hin.

Frage dich, wie gut dein Vorgesetzter auf der Skala von 100 % abschneidet. Wenn dein Vorgesetzter nur 30 % oder 60 % erzielt, dann hast du als Angestellte(r) auch nur 30 % oder 60 % erzielt. Keiner wird besser, wenn du nicht gibst. Die meisten Menschen machen ohne diese Unterstützung keine großen Fortschritte. Wie gut ist dein Partner? So gut bist auch du als Partner. Wie gut willst du sein? Wie viel bist du bereit zu geben? Du wirst das ernten, was du säst.

Denke daran, dass alle Formen vorgetäuschten Gebens, zum Beispiel das Geben aus einer Opferhaltung heraus, niemals zum Empfangen führen. Geben, um zu nehmen, ist vorgetäuschtes Geben und wird lediglich dazu führen, dass du zurückgewiesen wirst. Betrachte dein Leben und denke über einen Bereich nach, in dem du gerne mehr Erfolg haben möchtest. Lass zu, dass dir drei Möglichkeiten in den Sinn kommen, wie du in diesem Bereich mehr geben könntest. Wie könntest du dich selbst in größerem Maße geben? Verpflichte dich dazu, in diesem Bereich zu geben. Verpflichte dich dazu, dich selbst in diesem Bereich zu geben. Während du dies tust, achte auf die Wirkung, die es hat. Denke einmal in der Woche darüber nach. Du kannst über deine Fortschritte sogar Buch führen. Wähle andere Bereiche deines Lebens aus und horche auch hier nach innen, um zu entdecken, was du in der jeweiligen Situation geben kannst. Gib das, was deine Intuition dir sagt. Nimm die Wirkungen wahr. Öffne dich für den Erfolg.

1. Methoden & Tools die ich als wertvoll ansehe an andere weitergebe.

2. Mehr Einsatz / mehr Input bei Fragen des Vision für Brand Solutions.

3. Dass alle Kollegen & ich Spaß haben an dem was wir wie es tun.

LEKTION 30
Dein Erfolg hilft allen Menschen

Unser Erfolg inspiriert andere Menschen. Er ist ein lebendiges Beispiel dafür, was andere Menschen für sich selbst erreichen können. Er gibt auch anderen Menschen die Erlaubnis, erfolgreich zu sein. Weil dein Erfolg einen wahren Schritt nach vorne darstellt, hilft er der gesamten Domäne des menschlichen Bewusstseins. Unser Erfolg hilft dem Erfolg im Allgemeinen. Er ist Teil der Evolution der Menschheit, denn wahrer Erfolg setzt Partnerschaft und Zusammenarbeit voraus. Dies gestattet auch eine Partnerschaft mit dem Himmel und lässt zu, dass mehr Liebe und Gnade zur Erde gelangen. Unser Erfolg lehrt Erfolg. Er fördert die Chance auf Erfolg.

Blicke auf einige deiner vergangenen Erfolge zurück. Wem haben sie geholfen? Wen haben sie inspiriert? Betrachte einige deiner gegenwärtigen Erfolge. Wem helfen sie? Auf welche Weise helfen sie? Wen inspirieren deine Erfolge?

Wahrer Erfolg überwindet den Wettbewerb. Er gründet auf Zusammenarbeit und birgt dadurch eine Stufe des Erfolgs für alle Menschen. Feiere heute deinen Erfolg. Sei dir bewusst, dass er gut für alle ist, insbesondere für die Menschen, die dir am nächsten stehen.

LEKTION 31
Annehmen, um erfolgreich zu sein

W as wir annehmen, das ziehen wir für uns in Betracht. Wenn wir annehmen, dass in unserem Leben schwierige Dinge geschehen, dann können wir von diesem Problem aus weitergehen und bleiben nicht in ihm stecken. Das Annehmen dessen, was gut ist, heißt es in unserem Leben willkommen, und es erlaubt uns, darauf aufzubauen. Auf der anderen Seite gibt es den Widerstand, der das Gegenteil von Annehmen ist. Jedes Mal, wenn wir im Leben das Gefühl hatten, verletzt worden zu sein, haben wir gegen etwas Widerstand geleistet – wobei Widerstand das Gegenteil von Annehmen ist. Bei jedem Herzensbruch, den wir erlitten haben, hat unsere Weigerung, die Situation anzunehmen, wie sie war, zu einer so schweren Verletzung geführt.

Die meisten von uns haben sich nie ganz von ihren alten Herzensbrüchen erholt. Wir haben einige oder alle unsere Herzensbrüche einfach vergraben in dem Versuch, den Schmerz zu betäuben. Das heißt, dass der Widerstand gegen dieses Ereignis noch immer andauert. Es heißt auch, dass der Widerstand verallgemeinert wird, statt auf das betreffende Ereignis bezogen zu bleiben, und so hindert er uns daran, viele wirklich gute Dinge zu empfangen. Der Widerstand lässt einen Teil von uns in der damaligen Situation stecken bleiben, die anzunehmen wir uns geweigert haben.

Geh zu jedem Herzensbruch zurück, den du im Leben erfahren hast, und nimm die Situation an. Nimm die Menschen an. Nimm an, was passiert ist und was sie getan haben. Nimm deine Gefühle an. Nimm an, was als Folge des Ereignisses geschehen ist. Annehmen führt zu einem natürlichen Prozess des Loslassens, sodass die Ereignisse nicht länger schmerzen und uns nicht länger zurückhalten. Unser Annehmen dessen, was in unserem Leben negativ ist, bewirkt, dass wir weitergehen und viel mehr Gutes in unser Leben hineinlassen. Nachdem du das, was in deiner Vergangenheit negativ war, angenommen hast, denke über das nach, was du aus Angst zurückgewiesen und falsch verstanden hast. Lass zu, dass es für die Lektion und den Fluss nun integriert werden kann. Nimm alles an, was positiv war, damit es ebenfalls in dein Leben integriert werden kann. Denke über das nach, was jetzt gut in deinem Leben ist. Es ist an der Zeit, dass du es hereinlässt.

LEKTION 32
Erfolg und Erfülltheit

Erfolg rührt von unserer Erfülltheit her. Wenn wir irgendeinen Mangel spüren, dann kann dies eine Reihe verschiedener Auswirkungen auf uns haben: Es kann uns lähmen oder uns stöhnend und klagend voranbringen. Es kann auch ein Gefühl der Dringlichkeit hervorrufen, das bewirkt, dass wir uns unter Druck setzen und uns zu viel Mühe geben. Das führt dazu, dass wir nicht mehr im Fluss sind, dass unser Gespür für den richtigen Zeitpunkt aus dem Takt gerät und dass wir uns alles andere als zuversichtlich fühlen. Es ist unsere Erfülltheit, die uns unsere Zuversicht verleiht. Unsere Erfülltheit fließt über wie eine Quelle. Aus diesem Überfließen geht unser Erfolg hervor. Erfolg ist Erfülltheit, ist der Ertrag unserer Leistungen. Er rührt von der nach außen gerichteten Ausdehnung der inneren Erfülltheit in uns her.

Unser Gefühl von Mangel rührt von der Empfindung her, nicht zu genügen. Sowohl Mangel als auch Gefühle von Unzulänglichkeit haben ihren Ursprung in einem Verlust der Verbundenheit. Wenn wir unsere Erfülltheit hingegen erkennen und erfahren, dann wollen wir sie einfach mit anderen Menschen teilen. Das macht uns sowohl glücklicher als auch erfolgreicher. Erfülltheit ist überschäumend, und sie strahlt Erfolg aus. Erfülltheit rührt von Verbundenheit und Verbundensein her. Sie ist auf glückliche Weise großzügig, überschwänglich und großmütig. Auch wenn du deine Erfülltheit vielleicht aus dem Blick verloren hast, ist sie deine höchste Realität, ein Wesenszug deines Geistes. Sie gibt dir eine innere Quelle der Zuversicht, die nicht von den Schwankungen oder Unsicherheiten des Egos abhängig ist.

Schließe einen Moment lang deine Augen. Entspanne dich. Lass alle Sorgen und Nöte der Woche durch deinen Körper nach unten, aus deinen Füßen heraus und in den Boden hinein schmelzen. Bitte um die Hilfe deines höheren, kreativeren Bewusstseins. Nimm danach wahr, wie du durch Zeit und Raum zurückschwebst, bis du an einem der erfülltesten Momente in deinem Leben angekommen bist. Wenn du es wüsstest: Wie alt warst du? Wer war bei dir? Und wo warst du? Was ist geschehen, das dich so erfüllt hat? Fühle, sieh, höre und spüre die Szene so lebhaft wie möglich. Lass dich von dem Gefühl völlig durchdringen. Bring diese Erfülltheit mit in dein heutiges Leben. Lass sie hier und jetzt lebendig werden. Teile die Energie dieser Erfülltheit mit allen Menschen in deiner Umgebung.

LEKTION 33
Die Erfülltheit deines Geistes

Unser Geist ist eine Ausdehnung von Gottes Liebe in die Schöpfung hinein. Er ist Sein, das vom Höchsten Sein geschaffen wurde. Er ist Erfülltheit, Liebe und Licht. Er ist eine der vollendetsten Formen verwirklichten Erfolgs. Er ist freudvoll, friedvoll, erfüllt und kreativ. In seiner Erfülltheit will er mit anderen geteilt werden.

Wir leben jedoch in einer Welt, die von unserem Ego erschaffen wurde, und sind nur selten einmal mit unserem Geist in Kontakt. Heute ist ein Tag, um zu entspannen und deinem Geist die Herrschaft zu überlassen. Eines Tages wird unsere Evolution unsere Identität als menschliche Wesen transzendieren, bis wir uns selbst als göttliche Wesen erkennen. Während wir in dieser Welt von Trennung, Raum und Zeit leben, können wir unser persönliches Wachstum und unseren Erfolg beschleunigen, indem wir unseren Geist anerkennen und würdigen.

Halt einen Moment lang inne. Entspanne dich. Schließe deine Augen. Spüre, wie du tief in dir selbst versinkst, vorbei an den Sorgen und Nöten des Tages und vorbei an den Sorgen und Nöten der Woche. Spüre, wie du an deinem Alltag und an deinem Ego vorbei nach unten schwebst, in deine Seele hinein. Nimm wahr, wie anders es sich auf dieser Ebene deines Bewusstseins anfühlt. Wie erfolgreich und kraftvoll wärest du, wenn du aus dieser Bewusstseinsebene heraus agieren würdest?

Geh nun noch weiter nach unten. Du sinkst zurück in dein ursprüngliches Selbst als Geist, wo du immer sicher und erfüllt bist, immer ausgefüllt und erfolgreich. Hier bist du ganz. Nimm dieses Gefühl in dich auf. Genieße es. Erkenne es. Dies ist dein Selbst, deine profunde, essenzielle Wesensnatur. Hier erkennst du, dass du heil und ganz bist und dass der Erfolg deine Bestimmung ist. Ruhe in diesem Gewahrsein, solange du es möchtest.

Öffne langsam deine Augen und kehre in deinen Alltag zurück, aber bring diesen Frieden und diese Kraft mit dir.

LEKTION 34
Erfolg oder Ausreden

Ein Schlüsselelement des Erfolgs ist die Bereitschaft, alle Ausreden aufzugeben. Jeder Bereich unseres Lebens, in dem wir nicht erfolgreich sind, ist ein Bereich, in dem wir Ausreden dafür vorbringen, wie die Dinge sind. Wenn wir Ausreden vorbringen, dann suchen wir jemanden oder etwas, dem wir die Schuld dafür geben können, statt selbst die Verantwortung zu übernehmen. Wir bringen Ausreden vor. Wenn wir diese Ausreden aufgeben, dann können wir die Verantwortung übernehmen, die uns die Kraft gibt, das Problem zu lösen. Dies schafft Erfolg. Indem wir Verantwortung übernehmen, erlangen wir die Kraft, Dinge zu verändern. Wir erkennen, dass unsere Umwelt uns in dem Maße beeinflusst, in dem wir es zulassen und – auf eine verborgenere Weise – in dem wir von ihr beeinflusst werden wollen. Unterbewusst entscheiden wir, in welchem Maße wir uns von etwas beeinflussen lassen. Unsere Umwelt beeinflusst uns in dem Ausmaß, in dem es unserem Ego und seinem Bedürfnis, unabhängig zu bleiben, dient.

Zu den Dingen, die mein Bewusstsein als junger Therapeut transformiert haben, gehörte die Erkenntnis, dass manche Menschen sich durch ihre negativen Erfahrungen nicht beeinflussen ließen. Sie benutzten diese Ereignisse vielmehr als Sprungbrett, um zu mehr Reife und Bewusstheit zu gelangen. Dies war eine sehr inspirierende Lektion, die mir half, im Hinblick auf mein eigenes Leben eine neue Perspektive zu erlangen. Ich erkannte, dass ich die Wahl hatte, ob ein Ereignis meinen Erfolg aufhalten oder vielmehr ein Mittel zu diesem Erfolg sein sollte.

Achte heute auf alle Ausreden, die du gegenüber den Menschen in deinem Umfeld gebrauchst. Ich täte es ja, wenn nur… Ich hätte Erfolg, wenn nur… Wenn mir das nicht angetan worden wäre, dann hätte ich… Ich bin das Opfer dieses Menschen, also muss ich nicht… Ich bin das Opfer dieses Ereignisses oder dieser Situation, daher kann ich… Höre auf die Ausreden, die du gedanklich machst. Ich hätte die wahre Liebe gefunden, wenn nur mein jetziger Partner, mein letzter Partner oder meine Eltern besser gewesen wären. Ich wäre erfolgreicher, wenn meine Firma, meine Eltern, mein Vorgesetzter, die wirtschaftliche Situation oder meine Frau mir nicht im Weg stünden. Erkenne, dass jede Ausrede ein Angriff auf dich selbst ist.

Ausreden sind für Menschen, die nicht erfolgreich sind. Jeder Bereich, in dem du nicht erfolgreich bist, verbirgt eine Ausrede. Damit du erfolgreich sein kannst, musst du deine Ausreden aufgeben, weil du nicht beides haben kannst. Es ist an der Zeit, dass du zwischen ihnen wählst. Willst du alle Ausreden und den Kreislauf aus Schuldzuweisung und Schuld, der damit einhergeht, aufrechterhalten, oder willst du Erfolg? Entscheide dich jetzt. Untersuche die in der folgenden Tabelle aufgeführten vier Kategorien und triff eine neue Entscheidung. Was willst du?

Bereiche, in denen ich noch nicht erfolgreich bin	Ausreden, die ich gebrauche	Wirkung meiner Ausreden auf mein Leben	Wofür ich mich jetzt entscheide
1.	1.	1.	1.
2.	2.	2.	2.
3.	3.	3.	3.

Just do it

LEKTION 35
Was du hast, ist das, was du willst

Dir mag es vielleicht merkwürdig vorkommen, aber ich habe dieses unterbewusste Prinzip unzählige Male eingesetzt und weiß deshalb mit absoluter Sicherheit, dass es wahr ist.

Das, was wir haben, ist das, was wir wollen.

Natürlich leugnen, dissoziieren und verdrängen wir Informationen und Dinge, mit denen wir uns nicht auseinandersetzen wollen. Dennoch hat das Prinzip sich in meiner über dreißigjährigen intensiven Bewusstseinsarbeit immer wieder gezeigt. Wir alle haben falsche Entscheidungen getroffen. Hinterher bedauern wir dann, dass wir uns für Dinge entschieden haben, die uns nicht wirklich glücklich machen konnten.

Denk einmal ein wenig eingehender über dieses Prinzip nach:

Das, was wir in unserem Leben haben, ist das, was wir wollen.

Wenn das, was wir in unserem Leben haben, nicht von Liebe und Erfolg erfüllt ist, dann gibt es irgendeine verborgene unwahre Belohnung, die das Ego und nicht unseren Erfolg unterstützt. Zu den üblichen Tagesordnungspunkten des Egos zählen Schwelgen, die Erfüllung von Bedürfnissen, etwas Besonderes sein zu wollen, Wettbewerbsdenken, Unabhängigkeit und Getrenntheit. In Wahrheit bewirken diese Formen der Belohnung, dass wir eine Opferhaltung einnehmen oder hartherzig werden. Sie rufen Aufopferung, die Weigerung zu empfangen und einen Kreislauf aus Überlegenheit und Unterlegenheit hervor. Sie lenken uns ab von Zuversicht, Nähe, Erfolg, Freude und Gleichheit, die alle die Fähigkeit besitzen, das Ego abschmelzen zu lassen.

Unser Ego will Kontrolle. Es will, dass wir uns selbst oder andere angreifen. Es will, dass wir in Hemmungen gefangen sind und aus dem Fluss des Lebens herausfallen. Es kann mit Liebe,

Freude oder Kreativität nicht umgehen. Es hat in alle möglichen Fallen, Verzögerungen, Ablenkungen und Verschwörungen investiert. Brich heute den Vertrag mit dem Ego. Es hat eine schlechte Einstellung, die dich vom Leben fortführt. Entscheide dich für dein höheres Bewusstsein. Investiere in Wahrheit und in Kreativität. Sage dir in jedem negativen oder nicht ganz und gar erfolgreichen Bereich deines Lebens immer wieder mit aller Kraft deines Bewusstseins: „Das ist für mich nicht die Wahrheit. Ich will die Wahrheit. Ich will Gottes Willen für mich selbst, denn ich weiß, dass Er will, dass ich vollkommen glücklich bin. Ich verpflichte mich bewusst dazu, die Belohnungen, die das Ego mir versprochen hat und die mich niemals glücklich machen konnten, aufzugeben. Ich will die Wahrheit. Ich entscheide mich dafür, erfolgreich und glücklich zu sein. Ich bin bereit, mich zu verändern, und diese Veränderung darf mit Leichtigkeit geschehen. Ich entscheide mich für die Liebe. Ich entscheide mich für die Freude. Ich entscheide mich für den Erfolg."

LEKTION 36
GEBET
Gott, ich will das, was du für mich willst

Geh für diese Lektion einen Augenblick in die Stille, um das folgende Gebet zu sprechen:

Allzu lange habe ich meine eigenen Pläne gemacht. Manchmal sind meine Pläne zwar in Ordnung gewesen, manchmal sogar gut, aber sie hatten immer auch Opfer für mich oder andere Menschen zur Folge.

Gott, ich weiß, dass Dein Plan für mich besser ist als mein Plan für mich selbst. Ich hatte Angst, auf Dich zu hören. Ich habe meinen Verbindungskanal zu Dir geschlossen, weil ich befürchtete, ich könnte etwas verlieren. Heute will ich keine Angst mehr haben, die Dinge könnten nicht so laufen, wie ich es will. Dein Plan hat mehr Erfolg. Dein Plan wird mich glücklich machen. Es wird mehr Liebe und Freude geben, und Dein Plan wird keine Aufopferung und kein Schwelgen für mich selbst oder andere Menschen zur Folge haben.

Ich will Deinen Weg. Heute will ich ihn von ganzem Herzen. Ich bin meines Weges überdrüssig. Zeig mir Deinen Weg. Ich gebe Dir mein Herz, meinen Geist und meine Bereitschaft. Zeig mir den Weg. Lass ihn so klar erscheinen, dass selbst jemand, der so starrköpfig ist wie ich, sofort erkennen kann, dass es Dein Weg ist und dass er viel, viel besser ist.

Heute bin ich bereit, mein Leben transformieren zu lassen. Es muss einen Weg zum Erfolg geben, der sowohl mühelos als auch sorgenfrei ist. Ich will diesen Weg. Ich will heute Deinen Weg. Für diesen Weg bete ich von ganzem Herzen.

LEKTION 37
Das Bedürfnis nach etwas loslassen

Dies ist ein Erfolgsprinzip, das ich als junger Mann gelernt habe. Es war für mich eine sehr wichtige Lektion, weil ich endlich erkannte, dass ich, wenn ich etwas wirklich brauchte, es nicht bekommen konnte. Wenn ich es haben musste, bekam ich es nicht. Wenn ich festhielt, funktionierte es einfach nicht. Wenn ich meinte, die Dinge sollten auf eine ganz bestimmte Weise laufen, passierte es nicht. Je mehr ich etwas erwartete, um so größer waren meine Enttäuschung und Frustration.

Ich habe diese Lektion in Bezug auf Beziehungen, Sex, Geld und Beförderung im Beruf gelernt. Wenn ich etwas nicht haben musste, konnte ich so viel davon haben, wie ich wollte. Wenn ich die Verhaftung an eine Beziehung losließ, kehrte meine Attraktivität und mit ihr meine Ex-Partnerin zurück. Wenn es keine große Sache war, ob ich nun Sex hatte oder nicht, konnte ich so viel davon haben, wie ich wollte.

Wo ich ein Bedürfnis nach etwas hatte, da gab es Angst, Dringlichkeit, Mangel und – infolgedessen – eine Dürre in diesem Bereich meines Lebens. Wenn ich lediglich eine Vorliebe oder einen Wunsch hatte oder etwas einfach wollte, dann war es anders. Dann schien es immer eine Fülle und einen Weg voran zu geben.

Betrachte einmal das, was du brauchst. Was glaubst du haben zu müssen?

1. *Erfolge Beruf*
2. *Haus*
3.

Betrachte die Bereiche in deinem Leben, in denen es einen Mangel gibt. Sie sind ein guter Hinweis auf ein Bedürfnis.

Bereiche, in denen es einen Mangel gibt	Bedürfnis
1.	1.
2.	2.
3.	3.

Dieses Erfolgsprinzip ist einfach. Dort, wo du ein Bedürfnis hast, lass es los. Hier sind fünf Möglichkeiten, um deine Verhaftungen zu überwinden:

1. Lass los, indem du vergibst. Vergib dir selbst. Vergib der Sache, die du brauchst. Vergib den Menschen, die dir scheinbar nicht das geben, was du brauchst. Vergib den Menschen, die dir in der Vergangenheit scheinbar nicht das gegeben haben, was du gebraucht hast. Vergib Gott.
2. Lege dein Bedürfnis in die Hände Gottes. Nimm wahr, dass du etwas dafür empfängst. Was ist es?
3. Nimm im Hinblick auf dein Bedürfnis alle Emotionen wahr, die negativ sind, und spüre sie, bis sie geschmolzen sind und du ein Gefühl des Friedens empfindest.
4. Geh den nächsten Schritt in deinem Leben. Dein Bedürfnis wird nicht nur durch dein Handeln erfüllt, sondern auch durch den Erfolg, den der nächste Schritt bringt.
5. Wenn du dein Bedürfnis losgelassen hast, triff die Entscheidung, das zu haben, was du zu brauchen glaubtest.

Viel Glück!

Gott = etw. das tief in einen ist.
Der Geist, die Seele. Gott = so wie man ist wenn man sich nicht verstellt, so wie man zur geburt ist - unschuldig frei voll Liebe

LEKTION 38
Nur unsere Überzeugungen halten
uns zurück

Unsere Überzeugungen vermitteln uns unsere Erfahrung im Leben. Dir kann nichts Positives oder Negatives widerfahren, ohne dass du bezüglich des Ereignisses positive oder negative Überzeugungen hast. Überzeugungen bestimmen deine Wahrnehmung, und deine Wahrnehmung bestimmt deine Erfahrung.

Ein Schlüssel zum Erfolg liegt darin, unsere negativen Überzeugungen über Bord zu werfen, bis nur noch positive Überzeugungen und infolgedessen ein positives Leben übrig bleiben. Haben wir alle unsere negativen Überzeugungen losgelassen, dann leben wir auf ganz natürliche Weise ein glückliches Leben. Was bleibt, wenn wir sie aufgeben, sind Erfolg, Liebe, Geist, Einssein und der Himmel.

Negative Überzeugungen, die wir vergraben haben, neutralisieren unsere positiven Überzeugungen und bringen unser Leben zum Stillstand. Dann erfahren wir Langeweile und Leblosigkeit. Leblosigkeit in unserem Leben ist stets ein Zeichen für Kompensation. Kompensation ist eine Verteidigungsstrategie, die uns dazu bringt, uns entgegengesetzt zu den negativen Überzeugungen und unseren negativen Erfahrungen und Emotionen zu verhalten: Statt sie auszuleben, kompensieren wir sie. Kompensation verhindert aber nicht, dass wir negative Erfahrungen im Leben machen. In Wahrheit ziehen vergrabene negative Überzeugungen, Erfahrungen und Emotionen die negativen Erfahrungen sogar an.

Negative Überzeugungen lassen negative Emotionen wie Angst, Schuld, Gefühle der Unzulänglichkeit, des Mangels oder der Unwürdigkeit entstehen. In Verbindung mit diesen Emotionen führen unsere negativen Überzeugungen zu einer Abwehrhaltung und zu negativen Erfahrungen. Wir müssen erkennen, dass negative Überzeugungen ihren Anfang nehmen, wenn wir eine falsche Entscheidung treffen. Ein Teufelskreis führt dazu, dass sie an Kraft gewinnen: Eine negative Erfahrung lässt uns negative Entscheidungen treffen, die wiederum zu negativen Überzeugungen führen. Auf diese Weise beginnen oder stärken unsere Entscheidungen ein Muster negativer Überzeugungen, Emotionen und Erfahrungen.

Wenn negative Überzeugungen mit einer falschen Entscheidung beginnen, dann können sie durch eine wahre Entscheidung korrigiert werden. Schau dich in deiner Welt um. Wo in deinem Leben bist du nicht so erfolgreich, wie du es gerne wärest? Hier sind einige Kategorien, in denen die Dinge vielleicht nicht so sind, wie du sie gerne hättest: Beruf, Geld, Beziehung, Spiritualität, Sex, Gesundheit, Glück, Erfolg.

Wir wollen mit deinem Beruf als Beispiel beginnen. Du kannst die Übung natürlich für jeden anderen Bereich deines Lebens wiederholen. Frage dich, zu wie viel Prozent du in deiner beruflichen Entwicklung erfolgreich bist. Anschließend erstelle eine Tabelle mit vier Spalten wie folgt:

Berufliche Entwicklung

Was geschieht in meinem Leben im Bereich meiner beruflichen Entwicklung?	Was behindert mich in meiner beruflichen Entwicklung?	Welche Überzeugungen muss ich haben, damit dies in meiner beruflichen Entwicklung geschehen kann?	
		Über das Leben	
		Über mich selbst	
		Über die Arbeit	
		Über Arbeitsplätze	
		Über berufliche Entwicklungen	
		Über Leistung	
		Über Erfolg in meiner beruflichen Entwicklung	
		Über Männer oder Frauen bei der Arbeit	

An der dritten und vierten Spalte kannst du sehen, dass es auch von Bedeutung ist, dich zu fragen, was du in Bezug auf wichtige Unterkategorien glauben musst, damit deine berufliche Entwicklung so sein kann, wie sie ist.

Wenn negative Überzeugungen zutage treten, dann stell dir intuitiv die Frage, wie viele Glaubenssysteme dieser Art du hast. Entscheide dich dafür, sie loszulassen – wie viele es auch sein mögen. Sie haben mit einer Entscheidung begonnen. Sie können mit einer Entscheidung enden.

Entscheide dich nun für das, was du stattdessen glauben willst, oder entscheide dich dafür, dem Himmel die Leitung über diesen Bereich deines Lebens zu übertragen. Entscheide dich noch einmal dafür, nicht zu vergessen, dass der Himmel die Grenze ist. Entscheide dich einfach für etwas, von dem du glaubst, dass es möglich ist. Um Erfolg zu erlangen, kann es sehr hilfreich sein, sich für positive Überzeugungen wie diese zu entscheiden. Praktiziere diese Übung in den nächsten drei Tagen dreimal pro Tag, um die negativen Überzeugungen zu beseitigen, die dich zurückhalten. Wähle dabei immer eine andere Kategorie, damit du nach diesen drei Tagen einen völlig neuen Ausblick auf dein Leben gewinnen kannst.

LEKTION 39
Situationen durch heilende Überzeugungen transformieren

Nichts geschieht ohne deinen Glauben, dass es geschehen kann. In dieser Lektion bekommst du die Chance, folgendes Prinzip zu ergründen: Geschieht im Laufe deines Tages etwas, das negativ oder ärgerlich ist, so bietet es dir in Wahrheit eine großartige Gelegenheit, und zwar deshalb, weil diese Erfahrung unmöglich geschehen kann, ohne dass du negative Überzeugungen in dir trägst, die sie geschehen lassen. Wenn du diese negativen Überzeugungen also enttarnen kannst, dann kannst du sie heilen und somit die negativen Situationen in deinem Leben transformieren.

Negatives Ergebnis, das kürzlich oder in der Vergangenheit geschehen ist	Überzeugungen, die du in dir vergraben haben musst, damit dies geschehen konnte, unabhängig davon, um welchen Bereich es geht
	Über dich selbst
	Über das Leben
	Über andere Menschen
	Über Männer
	Über Frauen
	Über Autoritätspersonen
	Über Erfolg
	Über Verlust
	Über Versagen
	Über Niederlagen
	Über Beziehungen
	Über Geld
	Oder über andere Überzeugungen, die du haben musst, damit diese Erfahrungen geschehen können

Du kannst folgende Tabelle verwenden, um die Wurzeln negativer Ereignisse und die verborgenen negativen Überzeugungen, die sie hervorrufen, zu entdecken. Führe die Übung heute so oft durch, wie du willst, mindestens jedoch drei Mal. Beschließe, sie zu einer Gewohnheit zu machen. Dies wird dich dazu befähigen, alle Ereignisse – ob positiv oder negativ – zu nutzen, um dein Leben zu verbessern.

Nachdem du deine Überzeugungen bezüglich des fraglichen negativen Ereignisses niedergeschrieben hast, stell dir folgende Frage: Wenn ich wüsste, wie viele negative Glaubenssysteme ich in dieser Hinsicht habe, dann wären es .... Beschließe, sie nun alle loszulassen. Entscheide dich für das, was du an ihrer Stelle willst. Praktiziere diese Übung in den nächsten drei Tagen für jede Situation, der es an Erfolg mangelt. Schreibe mindestens einmal am Tag die negativen Gedanken und Überzeugungen nieder, die du haben musst, damit diese Situationen entstehen können. Prüfe, ob es in dieser Hinsicht ganze Glaubenssysteme gibt. Entscheide dich dann dafür, sie loszulassen, und wähle stattdessen positive Überzeugungen.

LEKTION 40
Ein Geheimnis des Erfolgs

Dies ist ein Geheimnis, das ich im Laufe der letzten drei Jahrzehnte gelernt habe. Es ist ein Geheimnis, das mir und vielen anderen Menschen geholfen hat. Es lautet ganz einfach: Ein Schritt nach vorne in deiner Beziehung entspricht einem Schritt nach vorne in deinem Leben. Wenn du keinen Liebespartner hast, kann es auch deine Beziehung zu einem Freund, zu deinen Eltern, deinem Kind oder einem Kollegen sein. Bei diesem Prinzip geht es darum, die evolutionäre Kraft von Beziehungen für den Erfolg zu nutzen. Manchmal ist es viel einfacher, sich mit einem Partner zu verbinden, als sich der Angst vor dem nächsten Schritt zu stellen. Es funktioniert auch umgekehrt: Wenn wir im Leben weitergehen, dann bringt uns das allen Menschen näher. Wenn wir auf einen Menschen in unserem Leben einen Schritt zugehen, dann verbindet uns das ein wenig stärker mit allen anderen Menschen und an erster Stelle mit uns selbst. Das lässt uns auf natürliche Weise erfolgreich sein.

Ein Schritt nach vorne in einer Beziehung bedeutet, dass man einen Schritt auf den Partner zugeht, um mehr Nähe zu schaffen und einen Teil der herrschenden Trennung zu beenden. Mit diesem Prinzip, dass die Partner sich miteinander verbinden, habe ich vielen Paaren geholfen, große Probleme und Konflikte zu lösen. Alles geschieht durch die Kraft der Beziehung. Es gibt verschiedene Möglichkeiten, es zu tun, aber das Prinzip bleibt immer dasselbe. Stell dir vor, dass das Problem dazu dient, euch in der Trennung zu halten. Sobald du dir vorstellst, dass dieses Problem zwischen euch steht, kannst du deinen Partner lieben, dich mit ihm verbinden, mit ihm kommunizieren, dich selbst geben oder ihm vergeben. Ganz gleich, für welche Möglichkeit du dich entscheidest – wichtig ist, dass du deinen Partner höher schätzt als das Problem. Das trägt dazu bei, dass das Problem –

oder zumindest eine Schicht davon – verschwindet. Wenn das Problem fort ist, gibt es zwischen dir und deinem Partner eine neue Stufe der Beziehung. Ihr werdet wissen, wann ihr diese Stufe erreicht habt, weil ihr das Gefühl des Verliebtseins und die Freude, die mit ihm einhergeht, spüren werdet. Du kannst dich sogar dann mit deinem Partner verbinden, wenn du körperlich von ihm getrennt bist. Stell dir ganz einfach das Problem zwischen euch vor und überwinde die Entfernung gefühlsmäßig, um dich von Bewusstsein zu Bewusstsein und von Herz zu Herz mit deinem Partner zu verbinden, bis das Problem verschwunden ist. Wenn die Liebe deinen Partner erreicht hat, hast du einen Sprung nach vorne gemacht. Wenn du es mit einem chronischen Problem zu tun hast, dann kann es sein, dass du dich durch mehrere Schichten hindurcharbeiten musst. Je größer das Problem, durch das du dich hindurcharbeitest, umso größere Fortschritte wird deine Beziehung machen. Dadurch wirst du auch erfolgsmäßig einen Schritt nach vorne gehen.

Verbinde dich heute mit deinem Partner, um eines eurer Probleme zu überwinden. Dieses Prinzip kann dein gesamtes Leben einfacher machen. Nutze in den kommenden drei Tagen dieses Prinzip, um in deinem Leben einen Sprung nach vorne zu machen. Du kannst die verschiedenen Möglichkeiten ausprobieren, die es gibt: Liebe, Verbindung, Kommunikation, Wertschätzung, emotionales und energetisches Geben, deinem Partner ein Geschenk machen oder etwas für ihn tun. All dies sind Wege, um die Kluft zwischen dir und deinem Partner zu überbrücken und erfolgreich weiterzugehen.

LEKTION 41
Glaubenssätze über Beziehungen sind Glaubenssätze über den Erfolg

In Lektion 40 haben wir darüber gesprochen, dass Beziehungen eine Möglichkeit sind, um zu größerem Erfolg zu gelangen. Indem du dich mit deinem Partner verbindest, kannst du die Trennung beenden und Verbundenheit schaffen. Wenn du jedes Problem ergründen würdest, dann würdest du bald feststellen, dass es in einer bestimmten Tiefe immer ein Beziehungsproblem ist. Das Ausmaß deines Erfolgs entspricht dem Ausmaß deiner Verbundenheit. Das Ausmaß deines Misserfolgs entspricht dem Ausmaß deines Getrenntseins. Du kannst deine Glaubenssätze im Hinblick auf Erfolg ändern, indem du deine Glaubenssätze über Beziehungen änderst. Die effektivste Möglichkeit, das zu tun, besteht darin, Glaubenssätze über deinen Vater, deine Mutter, deinen Vorgesetzten oder deinen Partner zu ergründen.

Dies kannst du mit Hilfe deiner Intuition tun. Frage dich einfach: Welches sind die Schlüsselbeziehungen, die du ändern musst, damit du wirklich erfolgreich sein kannst? Welchen deiner negativen Glaubenssätze zeigt dir die Beziehung zu diesem Menschen? Welche Auswirkung hatten diese Glaubenssätze auf deine Arbeit? Wenn sie sich negativ auf deine Arbeit ausgewirkt haben, dann kannst du diese Glaubenssätze loslassen und neue Glaubenssätze wählen.

Du kannst die folgenden Tabellen nutzen, um dieses Konzept näher zu ergründen. Du kannst die Übung für so viele Beziehungen durchführen, wie du magst. Mindestens drei sollten es jedoch sein.

1. Person	Welche Glaubenssätze habe ich…?	Wie diese Glaubenssätze sich auf meinen Erfolg ausgewirkt haben	Welchen Glaubenssatz ich jetzt wähle
	über die Arbeit		
	über Beziehungen		
	über andere Menschen		
	über mich selbst		
	über das Leben		
	über Integrität		
	über Empfangen		
	über Erfolg		

2. Person	Welche Glaubenssätze habe ich…?	Wie diese Glaubenssätze sich auf meinen Erfolg ausgewirkt haben	Welchen Glaubenssatz ich jetzt wähle
	über die Arbeit		
	über Beziehungen		
	über andere Menschen		
	über mich selbst		
	über das Leben		
	über Integrität		
	über Empfangen		
	über Erfolg		

3. Person	Welche Glaubenssätze habe ich…?	Wie diese Glaubenssätze sich auf meinen Erfolg ausgewirkt haben	Welchen Glaubenssatz ich jetzt wähle
	über die Arbeit		
	über Beziehungen		
	über andere Menschen		
	über mich selbst		
	über das Leben		
	über Integrität		
	über Empfangen		
	über Erfolg		

LEKTION 42

Die Heilung alter Glaubenssätze, die negative Muster erzeugen

Alle unsere alten Traumata, Herzensbrüche, Niederlagen und Misserfolge haben zu einer Reihe äußerst negativer Glaubenssätze geführt. Bis sie geheilt werden, bleiben diese vergangenen Ereignisse heiße Springquellen aus negativen Glaubenssätzen und Mustern. Sie können uns unser gesamtes Leben lang beeinflussen, auch wenn wir uns ihrer gar nicht gewahr sind. Dass wir sie mit Hilfe von Abwehrstrategien versteckt haben, ändert nichts daran, dass sie selbstsabotierend sind.

Wir wollen nun mit den Glaubenssätzen aufräumen, die dafür sorgen, dass diese Ereignisse noch immer Muster der Negativität und der Selbstsabotage in unserem Leben erzeugen.

Wähle vier einschneidende negative Ereignisse aus deiner Vergangenheit. Erstelle eine Tabelle mit drei Spalten. In der ersten Spalte stehen die negativen Ereignisse, in der zweiten Spalte die negativen Glaubenssätze und in der dritten Spalte die gegenwärtigen Auswirkungen.

Negatives Ereignis	Negative Glaubenssätze	Auswirkungen, die diese negativen Glaubenssätze jetzt auf mich haben
	über mich selbst	
	über Erfolg	
	über das Leben	
	über Leichtigkeit	
	über Fülle	
	über andere Menschen	
	über Beziehungen	

Zum Schluss frage dich:
Ist das wirklich das, was du willst? Hättest du stattdessen nicht lieber Erfolg? Geh in Gedanken zu diesem negativen Ereignis zurück, und entscheide dich dafür, es nicht zu benutzen, um deinen Erfolg zu behindern, sondern dich seiner als Mittel zum Erfolg zu bedienen. Wofür würdest du dich nun anstelle der vielen negativen Glaubenssätze entscheiden, die du angenommen hast? Wähle diejenigen Überzeugungen, von denen du stattdessen lieber beeinflusst worden wärest.

LEKTION 43
Alle Konzepte sind Selbstkonzepte

Alle Glaubenssätze, die wir im Hinblick auf irgendetwas haben, sind in Wirklichkeit Glaubenssätze über uns selbst. Was wir im Hinblick auf etwas glauben, das zeigt auch, wie wir mit uns selbst umgehen. Glaubenssätze sind statische Gedanken. Es sind einmal gefällte Entscheidungen, die noch immer Bestand haben. Sie erschaffen die Welt, die wir sehen und erfahren.

Wir wollen nun einmal deine negativen Glaubenssätze in jeder der nachstehend dargestellten Kategorien betrachten. Dazu wollen wir vier wichtige Kategorien benutzen, zu denen das Leben, Erfolg, Geld und die Welt gehören. Beantworte jede Frage mit dem, was dir gerade als Antwort in den Sinn kommt.

Die negativen Glaubenssätze, die ich über das Leben habe, sind:
1. Das Leben ist… _____.
3. Das Leben ist… _____.
2. Das Leben ist… _____.
4. Das Leben ist… _____.

Verfahre nun ebenso mit deinen negativen Glaubenssätzen über Erfolg, Geld und die Welt.
1. Erfolg ist… _____. 1. Geld ist… _____. 1. Die Welt ist… _____.
2. Erfolg ist… _____. 2. Geld ist… _____. 2. Die Welt ist… _____.
3. Erfolg ist… _____. 3. Geld ist… _____. 3. Die Welt ist… _____.
4. Erfolg ist… _____. 4. Geld ist… _____. 4. Die Welt ist… _____.

Ersetze jetzt die Begriffe Leben, Erfolg, Geld und die Welt durch „Ich", denn alle Glaubenssätze, die du in die freien Stellen eingetragen hast, stellen in Wahrheit negative Selbstkonzepte dar, die deinen Erfolg verhindern:

Schreibe anstelle von Leben:
1. Ich bin… _____.
2. Ich bin… _____.
3. Ich bin… _____.
4. Ich bin… _____.

Schreibe anstelle von Erfolg:
1. Ich bin… _____.
2. Ich bin… _____.
3. Ich bin… _____.
4. Ich bin… _____.

Schreibe anstelle von Geld:
1. Ich bin… _____.
2. Ich bin… _____.
3. Ich bin… _____.
4. Ich bin… _____.

Schreibe anstelle von Welt:
1. Ich bin… _____.
2. Ich bin… _____.
3. Ich bin… _____.
4. Ich bin… _____.

Frage dich, wie viele von all diesen negativen Glaubenssätzen du über dich selbst hast. Entscheide dich nun, das negative Selbstkonzept loszulassen, und wähle das, was du stattdessen über dich glauben möchtest. Stell dir vor, wie viele Abwehrstrategien du benutzt hast, um deine negativen Selbstkonzepte zu verbergen. Lass auch sie alle los, während du deine negativen Selbstkonzepte fallen lässt. So findest du größeren Frieden und gewinnst mehr Energie für Freude und Erfolg.

LEKTION 44
Spüre die Macht

Die meisten Menschen fürchten sich vor ihrer eigenen Macht und auch vor Macht im Allgemeinen. Sie haben das Gefühl, dass die Macht sie überwältigen würde. Andere wiederum haben das Gefühl, sie könnten diese Macht missbrauchen. Vor kurzem habe ich einen Workshop über das Thema „Habe das, was du willst" durchgeführt. Wir fanden heraus, dass das hauptsächliche Problem der Teilnehmer, das sie daran hinderte, das zu bekommen, was sie wollten, ihre Angst vor Macht war.

Fast alle unsere Selbstkonzepte stecken in Angst und Unzulänglichkeit fest. Dies führt zu Überarbeitung, Perfektionismus, Geschäftigkeit, Aufgabe oder Zaudern. Wenn du Macht als Ganzheit oder Zuversicht betrachtest, wird die Angst davor sich zerstreuen. Wenn du erkennst, dass Machtmissbrauch kein Zeichen von Macht ist, sondern vielmehr ein Zeichen von Angst, Schwäche und Dominanz, dann wirst du verstehen, dass wahre Macht das Gegenmittel zu alldem ist. Wenn du erkennst, welch große spirituelle Hilfe dir zuteil wird, dann ist es schwierig, die Angst zu spüren, die zu Dominanz, Kontrolle oder dem Missbrauch von Macht führt. *Ein Kurs in Wundern* beschreibt es so: „Würdest du erkennen, wer neben dir geht, dann könntest du keine Angst haben." Wenn du zu guter Letzt dem Himmel oder deinem eigenen höheren Bewusstsein die Herrschaft über deine Macht überträgst, dann kannst du sie unmöglich missbrauchen. Alle Macht kommt von Gott, und darum ist uns die Macht gegeben, anderen Menschen Kraft zu verleihen. Das ist Heilung.

Lass heute zu, dass die Macht dich durchströmt, damit du erfolgreich sein kannst. Lass zu, dass Gottes Macht dir Kraft gibt. Lass dich von ihr erfüllen, damit du anderen Menschen Kraft geben kannst. Wenn du andere Menschen befreist, dann befreist du dich selbst. Freue dich heute an der Macht. Empfange, spüre sie.

LEKTION 45
Vertrauen bringt Erfolg

Wenn du auf den Erfolg vertraust, bist du erfolgreich. Worauf du die Kraft deines Geistes gerichtet hast, das zeigt dir, in welche Dinge du investiert hast. Vertrauen ist die in eine positive Richtung gelenkte Kraft deines Geistes. Vertrauen ist das Gegenteil von Angst. Wenn wir Angst haben, dann haben wir die Kraft unseres Geistes in ein negatives Resultat investiert. Wenn wir die Kraft unseres Geistes in Illusionen oder angsterregende Ereignisse investieren, erzeugen wir Angst. Andererseits können wir unseren Geist auch in ein Resultat investieren, bei dem alles einen erfolgreichen Ausgang nimmt. Dein Geist erschafft für dich die Dinge, in die du ihn investierst.

Vor kurzem habe ich mit einer Frau gearbeitet, deren Angst so groß war, dass sie mir etwas vorgaukelte, während wir uns unterhielten. Wir sprachen über ein wichtiges, aber beängstigendes Thema, und sie versuchte insgeheim, mich abzulenken, indem sie über ein anderes „pikantes" Thema redete. Wenn ich nicht emotional und energetisch auf sie eingestellt gewesen wäre, hätte ich schnell übersehen können, dass sie versuchte, mich von ihrer Angst abzulenken, weil es ihr so gut gelang, sich zu verstellen. Der Grund für diese starke Angst lag darin, dass eine Veränderung in ihrem Leben bevorstand. Es sah so aus, als ob sie ihre jetzige Arbeit verlieren würde, und wenn nicht, dann würde sie sich zumindest verändern. Sie hatte Angst, in sich hineinzuhorchen, und hielt sich daher selbst auf Trab. Sie hatte Angst, dass ihre innere Führung ihr etwas mitteilen würde, das nicht Teil „ihres" Plans war. Anstatt hinzuhören, benutzte sie das Gefühl, unzulänglich zu sein, im Stich gelassen worden zu sein und von ihrer Arbeit nicht genug zu bekommen, als Ausrede. Ich erklärte ihr, dass diese Dinge, die Angst erzeugten, nur deshalb zutage traten, um sie am Weitergehen zu hindern.

Während unseres Gesprächs zeigte ich ihr, wie sie bei jedem Schritt, den sie nach vorne zu gehen glaubte, in Angst statt in Vertrauen investierte. Ich zeigte ihr, wie sie in negative Glaubenssätze und Vorstellungen investierte, statt Vertrauen in gute Dinge zu haben. Ich zeigte ihr, wie sie in „ihre Pläne" investierte, anstatt Vertrauen in die Führung des Himmels und in die Führung ihres eigenen schöpferischen Bewusstseins zu haben. Ich ließ sie mit Hilfe ihrer Vorstellungskraft vorwärtsgehen. Bei jedem Schritt nach vorne fragte ich sie, in welche Dinge sie die Kraft ihres Geistes investieren wolle – in Dinge, die zu Angst und Kontrolle führten oder in einen positiven Ausgang. Am Ende unserer Coaching-Sitzung erkannte sie schließlich, dass sie in Bezug auf Vertrauen in der Tat eine Gabe besaß, die sowohl zu ihrem eigenen Erfolg als auch zum Erfolg der Menschen in ihrem Umfeld beitragen würde. Die Ergebnisse, die sich einstellen, zeigen, ob wir unser Vertrauen in Angst oder in Erfolg investiert haben. Entscheide dich heute dafür, die Kraft deines Geistes in den Erfolg zu investieren.

LEKTION 46
Manifestieren

Manifestieren ist eine Kraft des Geistes, die das zustande kommen lässt, was wir beim Universum „in Auftrag gegeben" haben. Wie unsere Kraft der Entscheidung ist es eine natürliche Kraft unseres Geistes. Manifestieren mit der Kraft des Geistes lässt das zustande kommen, was wir wollen. Wenn es mit Liebe geschieht, wird es zu einem Akt der Schöpfung unsererseits. Wenn wir manifestieren, dann tun wir ganz einfach bewusst das, was wir ohnehin ständig tun. Wir „erschaffen" die Welt, die uns umgibt. Die Welt ist unser Wachtraum, und wie unsere Träume im Schlaf entsteht auch sie aus der Erfüllung unserer Wünsche. Unsere Schlafträume und auch die Welt, die uns umgibt, setzen sich aus chaotischen Begierden und widersprüchlichen Wünschen zusammen. Die Welt, die uns umgibt, stellt jedoch nicht nur unsere positiven Wünsche dar, sondern schließt auch unsere selbstzerstörerischen Anteile ein, die uns dazu bewegen wollen, uns selbst zu bestrafen.

Bewusstes Manifestieren setzt die Kraft des Geistes auf eine positive Weise ein. Manifestieren ist leicht: Du siehst, fühlst, hörst und spürst einfach das, was geschehen soll. Jede dieser Fähigkeiten kann für sich allein funktionieren – wenn du zum Beispiel das spürst, von dem du willst, dass es geschehen soll. Setz entweder alle Fähigkeiten gleichzeitig oder eine Fähigkeit, von der du weißt, dass sie bei dir funktioniert, möglichst anschaulich ein. Du kannst für das Manifestieren eine oder zwei Minuten benötigen, es aber auch innerhalb weniger Sekunden tun. Der nächste wichtige Schritt besteht darin, es loszulassen. Wenn du erneut daran denkst, nachdem du es losgelassen hast, dann wiederhole diese Übung oder erinnere dich daran, dass es bereits auf dem Weg zu dir ist.

Sei präzise im Hinblick auf das, was du willst. Ein alter Witz über einen Mann, der nicht präzise war, veranschaulicht diesen

Punkt: Ein Mann mit einer verkrüppelten Hand geht zu einem Wunschbrunnen. Er wirft eine Münze hinein und sagt: „Wunschbrunnen, mach bitte, dass meine eine Hand so aussieht wie die andere." Dong! Ein helles Licht blitzt auf, und beide Hände sind verkrüppelt.

Übe dich heute darin, das zu bekommen, was du willst, indem du die Kraft deines Geistes einsetzt. Sieh es. Fühle es. Höre es. Spüre es. Dann lass es los. Wisse, dass es kommt. Wenn du daran glaubst, dass es möglich ist, das zu bekommen, was du willst, dann kannst du es durch Manifestieren wahr machen.

Ausprobieren!

LEKTION 47
Die Kraft des Manifestierens bestmöglich nutzen

Ich fing 1980 an, meinen Wunsch zu manifestieren, dass ich nach Hawaii ziehen würde und dass jemand meine Umzugskosten übernehmen würde, denn zu dieser Zeit hatte ich nicht das Geld, um es selbst zu bezahlen. Hawaii war ein Traum für mich. Es war so schön, so weiblich, und es hatte wunderbare Strände. Ich glaubte, dass es alles sei, was ich mir nur wünschen konnte, aber es schien auch unerreichbar zu sein. Es war zu groß und zu schön, um wahr zu werden. Nichtsdestoweniger wusste ich um die Kraft des Manifestierens und fing an, inmitten meines arbeitsreichen Lebens dann und wann meinen Umzug nach Hawaii zu manifestieren. Drei Jahre später reiste ich häufig nach Hawaii, um Vorträge zu halten und Schulungen durchzuführen. Im September desselben Jahres wurde mir eine Stelle auf Hawaii angeboten. Dieses Angebot umfasste auch die Übernahme meiner Umzugskosten. Im November 1983 zog ich nach Hawaii.

Ich erkannte, dass das Manifestieren sich gegen eine Reihe von Glaubenssätzen hatte durchsetzen müssen, die ich im Hinblick darauf hatte, ob ich wirklich würdig war, ein so großes Geschenk zu empfangen, am Ort meiner Träume zu leben, und so weiter. Trotzdem reichte das gelegentliche Manifestieren, das ich im Laufe dieser drei Jahre praktizierte, aus, um es wahr werden zu lassen.

Manifestieren ist eine Gabe unseres Geistes, und es ist äußerst hilfreich, wenn wir uns ihrer bewusst sind. Bedauerlicherweise erhalten wir für unser Herz und für unseren Geist keine Bedienungsanleitung und wissen unsere innere Kraft und unsere inneren Gaben nur selten zu nutzen. Heute erkenne ich, dass ich die Entscheidung hätte treffen können, alle negativen Glaubenssysteme loszulassen, die mich an der Erfüllung meines Herzenswunsches, auf Hawaii zu leben, hinderten. Auf diese Weise wäre der

Prozess des Manifestierens beschleunigt worden, was – vor allem bei großen Projekten – sehr hilfreich sein kann.

Wähle heute einen deiner großen Träume und schreibe ihn in großen, auffälligen Buchstaben nieder. Bewahre ihn dort auf, wo du deine Ziele aufbewahrst. Manifestiere ihn jeden Morgen, wenn du aufwachst, jeden Abend, bevor du zu Bett gehst, und immer dann, wenn du im Laufe deines Tages daran denkst. Sei gewiss, dass er auf dem Weg zu dir ist. Bitte dein kreatives Bewusstsein, alle selbstschädigenden Glaubenssysteme zu beseitigen. Warum solltest du nicht danach streben, einen deiner großen Träume zu verwirklichen? Außer den negativen Aspekten deines jetzigen Lebens und der Art und Weise, wie du über dich selbst denkst, hast du nichts zu verlieren.

Manchmal kann Manifestieren so lange dauern, wie du glaubst, dass es dauern wird. Zu Beginn der achtziger Jahre ging ich als Junggeselle mit vielen Frauen aus und machte mir die Kraft des Manifestierens oft zunutze. Ich erstellte Listen mit herrlichen, exotischen Eigenschaften für meine künftigen Verabredungen, und zwei Monate später tauchten diese schönen Frauen genau so auf, wie ich es aufgeschrieben hatte. Es war eine amüsante Zeit in meinem Leben, aber sie war bei weitem nicht so amüsant und so spannend wie die Zeit, in der ich mutig genug war, endlich meine wahre Partnerin zu manifestieren.

Willst du deinen wahren Partner manifestieren, dann gibt es eine Sache, auf die du achten solltest. Als ich in San Diego arbeitete, kam eines Tages eine Klientin zu mir und berichtete, dass sie eine Liste mit fünfundzwanzig Eigenschaften erstellt und dann den sagenhaften „perfekten Mann" manifestiert hatte. Einige Monate später tauchte „Mr. Right" tatsächlich auf, aber erst da erkannte sie, dass sie vergessen hatte, auf der Liste zu notieren, dass sie ihn attraktiv finden würde. Deshalb kam ihr der perfekte Mann, so gut aussehend und sexy er auch war, eher wie ein Bruder vor. Natürlich heiratete sie ihn trotzdem, denn ihr war klar, dass einem der sagenhafte „perfekte Mann" nicht jeden Tag über den Weg läuft. Sie hatte keine Hoffnung mehr, dabei war die Lösung ganz einfach. Es stellte sich heraus, dass es eine schlichte

Coaching-Sitzung war. Ich ließ sie einfach manifestieren, dass sie ihren Mann attraktiv finden würde. Wir beide manifestierten es für sie, und sie ging mit neuer Hoffnung nach Hause, weil sie sich wieder an ihre Kraft und ihre Fähigkeit des Manifestierens erinnerte. Ungefähr einen Monat später rief sie mich an, um mir mitzuteilen, dass sie und ihr Mann gerade dabei waren, verlorene Zeit aufzuholen.

Zu den Dingen, die ich Anfang der achtziger Jahre gelernt habe, gehört auch, dass ich zwar wundervolle Partnerinnen manifestierte, aber dennoch in meiner Dissoziation und meinem Mangel an Reife gefangen war. Das hinderte mich daran, offener zu sein und mehr Freude an meinen schönen Partnerinnen zu haben. Ich schlage vor, dass du deine Reife und deine Fähigkeit, dich an etwas zu freuen, in jede Liste aufnimmst, die du erstellst. Ein weiterer wichtiger Punkt ist große Integrität bei allem, was du manifestierst. Manifestiere nicht den Partner oder die Arbeitsstelle eines anderen Menschen, sondern deinen eigenen idealen Partner und deine eigene ideale Arbeitsstelle, weil es sonst sein kann, dass du einige ziemlich gefährliche karmische Muster für dich selbst erschaffst. Weshalb solltest du irgendetwas manifestieren wollen, das nicht für dich ist? Es wird dich nicht glücklich machen.

Wenn ich heute einen großen Wunsch manifestiere, dann bitte ich darum, dass er nur dann in Erfüllung gehen soll, wenn er Gottes Wille ist, damit ich mich durch das, was ich mir wünsche, nicht selbst zurückhalte. Das zu manifestieren, was du dir wünschst, ist nur der Anfang einer langen Lernkurve im Glücklichsein und Erfolgreichsein. Als ich endlich erkannte, dass Lency, mit der ich zu jener Zeit ausging, meine wahre Liebe war, hatte ich noch immer viele Lektionen zu lernen und viele Dinge zu heilen, bis ich in der Lage war, eine erfolgreiche Beziehung zu führen. Manifestieren ist eines der wichtigsten Werkzeuge, die ich benutzt habe, um in meiner Beziehung erfolgreich zu sein.

LEKTION 48
Für jemand anderen manifestieren

Was wir anderen geben, das geben wir uns selbst. Für einen anderen Menschen zu manifestieren ist eine machtvolle Gabe, die wir geben können und die auch unseren eigenen Erfolg fördert.

Denke heute an einen Menschen, der in irgendeinem Bereich deine Hilfe braucht, beispielsweise im Hinblick auf Gesundheit, Geld, Erfolg oder Beziehung. Setze diesen Menschen auf deine Manifestierungsliste, damit du mindestens zweimal am Tag einige kostbare Sekunden damit verbringst, ihm zu helfen. Während du ihm hilfst, erkennst du allmählich die Macht deines Geistes. Du manifestierst deine Realität in jedem Moment, den ganzen Tag. Nutze diese Fähigkeit heute bewusst, um einem anderen Menschen zu dienen. Nimm auf lebendige Weise wahr, dass er in dem Bereich erfolgreich ist, in dem er am dringendsten der Hilfe bedarf. In dem Maße, in dem er erfolgreich ist, baust du deinen Glauben an Erfolg in diesem Bereich auf. Deine Kraft, in diesem Bereich das zu bekommen, was du willst, wird größer. Verpflichte dich diesem Menschen oder diesem Paar, bis sich der Erfolg einstellt. Danach willst du vielleicht einem anderen Menschen helfen. Das Maß, in dem das Leben dieses Menschen aufgebaut wird, gilt auch für dein Leben. Dies ist ein wahrer Akt der Freundschaft.

LEKTION 49
Ein Geheimnis des Erfolgs: Teil II

Da jedes Problem im Grunde genommen ein Beziehungsproblem ist, kann jedes Problem zwischen Menschen durch Vergebung geheilt werden. Im Kern jeden Problems liegt Groll gegen einen Menschen, der uns etwas bedeutet. Ursprünglich hat dieser Groll gegen den anderen Menschen als Schuldgefühl oder Groll gegen uns selbst begonnen. Diesen Groll haben wir nach außen projiziert und greifen nun den anderen Menschen an, als ob er derjenige sei, der Bestrafung verdient. Meist richten wir diesen Angriff dann auch gegen uns selbst und verstärken damit den ursprünglichen Selbstangriff. Auf diese Weise geraten wir in einen Teufelskreis aus Schuld, Groll, Selbstangriff und Problemen, weil jeder Groll, den wir hegen, immer zu Problemen führt.

Durch unseren ehrlichen Wunsch, dem anderen zu vergeben, befreien wir ihn und auch uns selbst. Mit Vergebung lösen wir die Probleme in unserem Umfeld. Wenn unser Wunsch nach Vergebung noch nicht stark genug ist, dann können wir darum bitten, dass unsere Vergebung durch die Liebe Gottes geschehen möge.

Denke heute über deinen Mangel an Erfolg nach, um herauszufinden, wo du Groll hegst. Zeichne eine Tabelle mit zwei Spalten. Schreibe in der linken Spalte auf, wo es dir an Erfolg mangelt, und in der rechten Spalte, gegen wen du den Groll hegst.

Mangel an Erfolg	Groll gegen eine dir wichtige Person
1.	1.
2.	2.
3.	3.

Bitte nun dein kreatives Bewusstsein und Gottes Liebe von ganzem Herzen, die Vergebung schnell und mühelos für dich zu vollbringen.

Während du den Groll erkennst, der dich daran hindert, erfolgreich zu sein, frage dich selbst:

Willst du den Groll – oder willst du den Erfolg?

LEKTION 50
Vergebung bringt Erfolg

In Lektion 49 haben wir etwas darüber gelernt, wie wir unseren Mangel an Erfolg transformieren können. Um dieses Wissen zu vertiefen, nimm dir heute einmal die Zeit, alle großen Probleme in deinem Leben einer Prüfung zu unterziehen und das Werkzeug der Vergebung zu nutzen, um dich davon zu befreien. Wenn wir dies nicht tun, werden wir andere natürlich immer als Ausrede dafür benutzen, dass wir keinen Erfolg haben. Unsere Angst vor Erfolg unter unserem Groll zu verbergen ist allerdings eine schlechte Alternative zum Erfolg.

Wähle zu diesem Zweck drei große Probleme, die du im Leben hast. Frage dich, wer der Mensch ist, gegen den du den Groll hegst, der dein Problem hervorruft. Frage dich dann, welchen Groll du ihm gegenüber hegst. Es ist an der Zeit, eine Entscheidung zu treffen: Willst du den Groll und den Selbstangriff oder willst du Erfolg?

Problem	Wichtige Person	Groll
1.		
2.		
3.		

Wenn du Erfolg willst, dann entscheide dich dafür, die Vergebung in die Hände des Himmels zu legen, und bitte Gott darum, sie für dich zu vollbringen.

LEKTION 51
Erfolg kommt durch Zuhören

Dein eigener wahrer Wille für dich selbst ist Erfolg. Der Wille des Himmels für dich ist Erfolg. Es ist nur dein Ego, das dich zurückhält. Es hat andere Vorstellungen davon, was Erfolg ist. Du musst dein Leben nur einmal betrachten, um zu erkennen, wessen Rat du bisher befolgt hast.

Ich kannte einmal den Geschäftsführer einer japanischen Firma, die fünf Milliarden Dollar Umsatz im Jahr machte. Er kam zu meinen Workshops, um seine Inspiration und Vision zu verbessern. Eines Tages vertraute er mir an, dass er achtzig Prozent seines Tages damit zubrachte, sich in seinem Stuhl zurückzulehnen und zu träumen. Er sagte, das Wichtigste, was er für seine Firma tun könne, bestehe darin, den Weg nach vorne zu finden. Die restliche Arbeit, die seiner Ansicht nach weniger wichtig war als das, was er zum Vorankommen der Firma beitrug, konnten andere tun.

Wenn wir uns ein wenig Zeit nehmen würden, um auf unser kreatives Bewusstsein und auf den Himmel zu hören, der durch dieses Bewusstsein kommuniziert, könnten wir unseren Weg zum Erfolg beschleunigen. Wir könnten lernen, zwischen der boshaften, reaktiven Stimme unseres Egos und der leisen, aber inspirierten Stimme des kreativen Bewusstseins zu unterscheiden. Oft hat das Ego scheinbar gute Ideen, die uns letztlich jedoch nur tiefer in die Aufopferung hineinführen. Wenn wir den Unterschied zwischen der Stimme des Egos und der Stimme des höheren Bewusstseins erkennen können, dann werden wir auf eine ganz natürliche Weise erfolgreich.

Die nun folgende Übung ist eine Übung im Zuhören. Sie löst nicht nur Stress auf, sondern ist auch ein Weg, um auf die Wahrheit zu lauschen, die uns befreit und unser Leben leicht macht. Sie führt uns zu immer größerem Erfolg hin. Nimm dir ganz einfach morgens, nachmittags und abends zehn Minuten Zeit, um zu hören. Wenn du einen voll gepackten Zeitplan hast, dann lohnt es sich, zehn Minuten früher aufzustehen, denn es kann dir wirklich eine sehr große Hilfe sein. Du kannst es direkt nach dem Aufwachen tun, wenn das Ego dich noch nicht so sehr unter Kontrolle hat, aber auch, wenn du ganz wach bist. Richte deine ungeteilte Aufmerksamkeit auf dein höheres Bewusstsein, und vertraue dein Ego dem Himmel an. Dann hör einfach zu. Halte einen Notizblock bereit für den Fall, dass dein Verstand zu arbeiten anfängt oder an die Dinge denkt, die du zu erledigen hast. Notiere sie kurz, damit du daran denkst, dich später darum zu kümmern, und hör auf einer tieferen Ebene weiter zu. Die Zeit, die du dir nimmst, um zuzuhören, ist eine großartige Investition in dich selbst.

LEKTION 52
Wenn dein Verstand zu beschäftigt ist

Wenn dein Verstand zu beschäftigt ist und du besessen, überwältigt und gestresst bist, dann ist es wichtig, dir eine Auszeit zu nehmen. Tust du es nicht, dann wirst du auf eine ineffiziente und ungeordnete Weise weitermachen. Wenn du so sehr unter Stress stehst, wird der Versuch, einfach immer weiterzumachen, dir am allerwenigsten helfen. Du musst erkennen, dass du in diesem Zustand nicht mehr auf dem richtigen Weg bist. Nimm dir Zeit, um dich zu befreien. Wenn dein Verstand klar ist – wenn du im Hier und Jetzt bist –, dann kannst du dich konzentrieren und effektiv sein.

Schließe für diese Übung einfach deine Augen und beobachte deinen Verstand. Jeder deiner Gedanken rührt von einer Persönlichkeit her, die ein eigenes, vollständiges Glaubenssystem hat, das dir sagt, dass du erfolgreich sein wirst, wenn du dies oder das erreichst. Das ist weit von der Wahrheit entfernt, denn die Tretmühle, in der du bist, lässt in Wirklichkeit weder Erfolg noch Kreativität zu. Bei jedem Gedanken, der dir durch den Kopf geht, sage ganz einfach: „Dieser Gedanke spiegelt ein unwahres Ziel wider, das mich vom Erfolg fernhält." Dein Gedanke wird einfach verschwinden. Er mag zwar noch einige Male zurückkommen, aber in diesem Fall wiederhole einfach:

„Dieser Gedanke spiegelt ein unwahres Ziel wider, das mich vom Erfolg fernhält." Wenn du dies zehn bis fünfzehn Minuten lang tust, wird dein Geist außerordentlich klar werden. Sage an diesem Punkt einfach zu dir selbst: „In diesem klaren Geisteszustand möge mein Erfolg offenbar werden!"

Nun bist du bereit, mit viel größerer Leistungsfähigkeit und Effektivität wieder neu zu beginnen.

LEKTION 53
Alles, was du tust, ist erfolgreich

Alles, was wir tun, ist für irgendeinen Bereich unseres Bewusstseins ein Erfolg. Alles, was mit uns geschieht, ist für diejenige unserer Persönlichkeiten ein Erfolg, die es geplant hat. Dies ist eine Schlüssellektion. Wenn wir sie lernen, dann verhelfen wir uns selbst zu großer Kraft. Die Aussage „alles, was ich tue, ist erfolgreich" bedeutet, dass wir Ziele haben, die wir vor uns selbst verborgen haben. Alles, was wir tun, und alles, was geschieht, ist die erfolgreiche Erfüllung eines dieser Ziele.

Bewusst wollen wir natürlich in allen Dingen erfolgreich sein. Oft ist das, was wir erreichen, jedoch weit von einem Erfolg entfernt. Dennoch sind wir es, die entscheiden, dass die Dinge so sind, wie sie sind. Auch wenn wir uns eines bestimmten Teils unseres Bewusstseins, der etwas anderes wollte, überhaupt nicht gewahr sind, so besitzt dieser Teil doch die Kraft, diese Ergebnisse herbeizuführen. Ein Teil von uns wollte diese nicht ganz so erfolgreichen Ergebnisse. Für unsere verborgene Tagesordnung haben wir das bekommen, was wir wollten, und es war unsere Auslegung von Erfolg. Die Frage, die wir uns nun stellen könnten, lautet: „Warum wollte ich dieses Ergebnis?" Denk eine Weile über diese Frage nach und nimm wahr, was dir in den Sinn kommt.

Tu so, als hättest du diese Ergebnisse gewollt. Warum solltest du gewollt haben, dass die Dinge sich so entwickeln?

Nimm dir Zeit und achte darauf, was dir in den Sinn kommt, wenn du dir folgende Fragen stellst:

- Was war meine Belohnung dafür, dass ich zugelassen habe, dass dies geschieht?
- Auf welche Weise kann es mir möglicherweise dienen?
- Was konnte ich dadurch tun?
- Was musste ich nicht tun, weil dies geschehen ist?

- Was wollte ich bekommen, indem ich zugelassen habe, dass dies geschieht?
- Welche Angst wollte ich schützen, indem ich zugelassen habe, dass dies geschieht?
- Was wollte ich damit bezwecken, dass ich dies habe geschehen lassen?
- Wen habe ich bekämpft, indem ich diese Ergebnisse zugelassen habe? In welcher Weise habe ich diese Ergebnisse benutzt, um gegen diesen Menschen zu kämpfen?
- In welchem Bereich konnte ich mein Schwelgen verbergen und aufrechterhalten, indem ich zugelassen habe, dass dies geschieht?
- An wem wollte ich Vergeltung üben?
- Wen wollte ich retten, indem ich dies getan habe?
- Welche Schuld wollte ich bezahlen, indem ich zugelassen habe, dass dies geschieht?
- Wovor habe ich mich verborgen?
- Warum habe ich Gott für das angegriffen, was geschehen ist?

Diese Fragen zeigen einige unserer verborgenen Tagesordnungen auf. Wenn wir diese unterbewussten Ziele erreichen, dann haben wir oft das Gefühl, in einer Opferrolle zu sein. Indem wir unsere verborgenen Tagesordnungen ans Licht bringen, erlangen wir die Kraft, bessere Entscheidungen in Bezug auf das zu treffen, was uns wirklich glücklich machen würde. Wir können das, wovon wir wissen, dass es uns nicht glücklich machen wird, einfach loslassen und uns stattdessen für das entscheiden, was wir in Wirklichkeit wollen.

LEKTION 54
Getting All Your Ducks in a Row

„Getting all your ducks in a row"[4] ist eine englische Redewendung, die bedeutet, dass alles sich in ein und dieselbe Richtung bewegt. Sie besagt ganz einfach, dass das gesamte Team im Boot im selben Takt rudert. Ohne dieses einfache Prinzip ist es nicht möglich, Erfolg zu haben. Dissoziierte Anteile unseres Bewusstseins auf unterbewussten und unbewussten Ebenen bewegen sich in eine andere Richtung als unser Bewusstsein. Alle diese Anteile unseres Bewusstseins haben ein ganz bestimmtes Ziel und streben verbissen auf dieses Ziel zu, und zwar ungeachtet dessen, ob dieses Ziel zerstörerisch ist oder nicht.

So habe ich zum Beispiel einmal mit einer Frau gearbeitet, die eine sehr schwere Krankheit hatte. Ich bat sie, den Anteil ihres Bewusstseins in den Vordergrund treten zu lassen, der die Krankheit hervorrief, da ich ihm ein paar Fragen stellen wollte. Weil alle Anteile unseres Bewusstseins gekannt werden wollen, ist es in der Regel recht einfach, ein Interview zu arrangieren. Den Rest ihres Bewusstseins bat ich ganz einfach darum, sich zurückzulehnen und zu entspannen, etwas zu trinken und zu beobachten. Als sie das Gefühl hatte, der betreffende Anteil ihres Bewusstseins sei zur Oberfläche gelangt, fragte ich sie nach ihrem Namen. „Angela", erwiderte sie. (Meine Klientin hieß Gail.) Ich fragte sie, wie alt sie sei. „Drei Jahre", erwiderte sie. Ich fragte sie, wie lange sie schon bei meiner Klientin sei. Sie erwiderte: „Seit sie drei Jahre alt ist." Ich fragte sie, welches Ziel sie bezüglich meiner Klientin verfolge, und sie antwortete: „Sie von ihrem Schmerz zu befreien." Darauf fragte ich sie, wie sie es denn bewerkstelligen wolle, den Schmerz von ihr fernzuhalten. Sie antwortete:

---

4 Anm. der Übersetzerin: Für diese englische Redewendung gibt es leider keine deutsche Entsprechung. Wörtlich übersetzt heißt es: „Alle seine Enten in Reih und Glied bringen".

„Ich bringe sie um, dann spürt sie keinen Schmerz mehr." Dies war ganz augenscheinlich die Logik einer Dreijährigen und ein Anteil ihres Bewusstseins.

Emotionaler Schmerz hatte dazu geführt, dass meine Klientin diesen Anteil ihres Bewusstseins abgeschnitten hatte, und infolgedessen war ein Teil von ihr emotional und mental auf dieser Stufe stehen geblieben. Der Anteil, der sich Angela nannte, wollte zwar tatsächlich helfen, war aber auch die Ursache des Konflikts an der Wurzel der Krankheit. Wer braucht schon ein „Teufelchen", wenn er ein „Engelchen"[5] wie dieses hat? Angelas Ziel, Gail von ihrem Schmerz zu befreien, war ganz wunderbar, aber ihre Strategie war mörderisch.

Als Nächstes fragte ich Angela, wie gut es ihr auf einer Skala von hundert Prozent denn gelinge, den Schmerz von ihrer „Gastgeberin" fernzuhalten. Sie erwiderte: „Etwa fünfzehn Prozent."

Ich fragte sie: „Würdest du deine Aufgabe denn nicht gerne mit viel mehr Erfolg erfüllen?"

Sie antwortete: „Natürlich!"

Daraufhin zeigte ich ihr, wie viel Schmerz sie Gail bringen würde, wenn sie in der bisherigen Weise weitermachte. Ich bat Angela einfach, sich vorzustellen, wie es Gail in drei Monaten, sechs Monaten, einem Jahr gehen würde. Sie sah, wie sehr Gail würde leiden müssen, wenn sie weiterhin versuchte, Gail zu „helfen". Ich schlug Angela einen anderen Weg vor, der darin bestehen sollte, durch Integration eins mit Gail zu werden. Ich führte sie drei Monate, sechs Monate, ein Jahr in die Zukunft, um ihr zu zeigen, wie viel besser es Gail ergehen und wie viel schmerzfreier sie sein würde. Als sie erkannte, dass dies eine weitaus bessere Möglichkeit war, ihr Ziel zu erreichen, ergriff Angela die Chance zur Integration mit Gail. Dadurch bewirkte sie Ganzheit dort, wo vorher Konflikt gewesen war. So wurde Angela eins mit Gail, die dadurch in die Lage versetzt wurde, „alle ihre Enten in Reih und Glied zu bringen".

---

5 Anm. der Übersetzerin: Angela ist von „angel" abgeleitet, dem englischen Wort für Engel.

Für uns ist es nun an der Zeit, dasselbe im Hinblick auf Erfolg zu tun. Sei über den Anteil deines Selbst, der bei dieser Übung zutage tritt, nicht überrascht: Er kann jung, aber auch uralt sein. Einige der Anteile, die ich im Bewusstsein von Menschen entdeckt habe, sagen, dass sie schon seit vielen tausend Jahren bei ihrem Gastgeber sind.

Dies zeigt, wo es einen Konflikt auf Seelenebene gegeben hat. Die Klärung dieses Konflikts ist ein großer Schritt hin zum Erfolg.

Bitte dich darum, den Anteil deiner selbst in den Vordergrund treten zu lassen, der dich am stärksten daran hindert, erfolgreich zu sein, und bitte die anderen Anteile deines Selbst um die Bereitschaft, diesen Teil zu befragen. Entspanne dich. Es wird problemlos funktionieren, wenn du es willst.

Frage, wie der betreffende Anteil heißt.

Frage, wie alt er (oder sie) ist.

Frage, wie lange er (oder sie) schon bei dir ist.

Frage, welches Ziel er (oder sie) verfolgt.

Wenn dieser Anteil ein negatives Ziel hat oder sagt „um dich umzubringen", dann frage, worin das Ziel besteht. Frage so lange nach dem Ziel, bis du bei einem positiven Ziel ankommst. Die negativen Anteile sind lediglich Strategien, um das positive Ziel zu erreichen. Frage, zu wie viel Prozent dieser Anteil deines Selbst effektiv darin war, sein Ziel zu erreichen. Wie effektiv er auch immer gewesen sein mag, nichts ist effektiver als Integration und das Ausrichten all deiner Enten in Reih und Glied.

Führe dem betreffenden Anteil deines Bewusstseins dies vor Augen, indem du in deiner Vorstellung drei Monate, sechs Monate und ein Jahr deines Lebens in die Zukunft gehst und spürst, wie du dich fühlen würdest, wenn dieser Anteil deines Selbst seine gegenwärtige Strategie weiter verfolgen würde. Dann zeige ihm, was geschehen würde, wenn ihr eins werden würdet. Stell dir wiederum vor, wie dein Leben in drei Monaten, sechs Monaten und einem Jahr wäre. In der Ganzheit ist der Erfolg stets größer.

Wenn das Selbst dies erkennt, dann hat es alle Motivation, die es für eine Integration braucht. Wenn die Motivation vorhanden ist, dann triff einfach die Entscheidung, dich mit diesem Anteil deines Selbst zu vereinen, und die Integration findet auf ganz natürliche Weise in deinem Bewusstsein statt.

Wenn der Anteil deines Bewusstseins ein positives Ziel hat, dann frage ihn, zu wie viel Prozent er erfolgreich war. Wenn es weniger als einhundert Prozent sind, bitte ihn darum, sich vorzustellen, wie die Dinge in drei Monaten, sechs Monaten und einem Jahr wären, wenn er mit dir zu einem Ganzen vereint wäre. Zeige ihm, dass er sein Ziel viel eher erreichen kann, wenn er in dich hinein integriert ist.

LEKTION 55
Die Verschwörungen gegen dich selbst

Als ich in den Jahren 1984 bis 1989 über den Ödipuskomplex forschte, erkannte ich, dass dieser in Wirklichkeit eine Verschwörung ist, die wir gegen uns selbst richten. Es ist eine bösartige, chronische Falle, die uns meist noch nicht einmal bewusst ist. Dies ist einer der Gründe, warum es scheinbar keine Möglichkeit gibt, ihn zu heilen. Anfang der neunziger Jahre, als ich meine Forschungen fortsetzte, fand ich dann heraus, dass der Ödipuskomplex nicht die einzige Verschwörung ist, die wir gegen uns selbst richten. Ich habe seitdem mehr als vier Dutzend weitere und häufige Verschwörungen gefunden. Nahezu jedes Problem kann eine Verschwörung sein, wenn es derart chronisch ist, dass es keinen Ausweg daraus zu geben scheint.

Eine Verschwörung ist eine narrensichere Falle, aber was narrensicher ist, das ist nicht sicher vor Gott und in den meisten Fällen auch nicht sicher vor der *Psychology of Vision*. Wenn wir uns der Verschwörungen in unserem Leben gewahr werden, dann werden wir feststellen, dass sie keinerlei Macht über uns besitzen, wenn wir die Absicht haben, uns von ihnen zu befreien. Verschwörungen sind von mangelndem Gewahrsein abhängig, damit sie verborgen bleiben können. Sobald wir unsere Aufmerksamkeit auf sie richten, können sie sich nicht mehr länger behaupten, weil die genaue Überprüfung, der wir sie unterziehen, Licht ins Dunkel bringt. Eine Verschwörung kann jedoch nur im Dunkeln gedeihen.

Eine Verschwörung ist immer eine Abwehrstrategie unseres Egos gegen unsere Lebensaufgabe. Wo unsere Begabungen liegen, wo wir erfolgreich sind, wo wir Nähe und Partnerschaft haben und unsere Aufgabe im Leben erfüllen, dort lassen der Fluss des Lebens, Erfülltheit und Freude das Ego langsam abschmelzen, weil wir erkennen, dass es sowohl überflüssig als auch kontraproduktiv ist.

Ergründe heute, in welchem Bereich deines Lebens es eine Falle gibt, die so groß oder so komplex zu sein scheint, dass es vermeintlich keinen Ausweg gibt. Verpflichte dich dazu, den Ausweg zu finden. Sei dir bewusst, dass es einen besseren Weg geben muss. Lege die Verschwörung in die Hände deines kreativen Bewusstseins, damit es sie für dich entwirrt. Auf diese Weise kannst du in deinem Leben einen großen Sprung nach vorne machen.

Die Erkenntnis, dass es eine Verschwörung gibt, ist bereits der halbe Kampf. Die andere Hälfte besteht in der Erkenntnis, dass Gottes Wille für dich nicht darin besteht, dass du in einer Verschwörung stecken bleibst und dass dies auch nicht Gottes Wille für deine Lebensaufgabe ist. Gott hat keine Verschwörungen angezettelt. Das bedeutet, dass sie lediglich eine Illusion sind. Lege deine Verschwörungen in die Hände Gottes und verpflichte dich deiner Lebensaufgabe.

LEKTION 56
Die Verschwörung des Zunichtemachers heilen

Die Verschwörung des Zunichtemachers ist eine der Verschwörungen, die unseren Erfolg unmittelbar sabotieren. Diese Sabotage findet meist entweder dann statt, wenn wir unser Leben oder unser Geschäft gerade auf eine neue Ebene des Erfolgs gestellt haben oder kurz davor sind, es zu tun. Wenn urplötzlich alles zusammenbricht, dann ist das ein sicheres Zeichen dafür, dass bei dir mindestens eine Verschwörung des Zunichtemachers am Werk ist.

Ich erinnere mich noch genau an den Tag, an dem ich begonnen habe, über den „Zunichtemacher" zu schreiben. Es war 1988. Sobald ich damit fertig war, fuhr ich über den Berg nach Honolulu zu meinem Reisebüro. Unterwegs sann ich die ganze Zeit über den Zunichtemacher nach. Ich hatte das Gefühl, als würde ich irgendwie davor gewarnt, ihn zu enthüllen – als ob ich ein Tabu brechen würde. Ich parkte meinen Wagen, um für zehn Minuten ins Reisebüro zu laufen und mein Ticket abzuholen. Mein Agent sprach gerade am Telefon, und dann gab es noch ein Problem mit meinem Ticket. Ich brachte insgesamt fünfunddreißig Minuten in seinem Büro zu. Während dieser Zeit und nur zwölf Minuten, ehe ich das Reisebüro wieder verließ, war die zulässige Parkdauer wegen des anstehenden Berufsverkehrs verkürzt worden. Mein Wagen war bereits abgeschleppt. Mein Agent fuhr mich freundlicherweise dorthin, wo mein Wagen stand, und nachdem ich die Strafe und die Abschleppkosten bezahlt hatte, kehrte ich mit der Erkenntnis nach Hause zurück, dass ich etwas Wichtigem auf der Spur war.

Der Zunichtemacher gleicht einem Kind, das seine Klötzchen nur deshalb aufbaut, damit es sie anschließend wieder niederreißen kann. Die Klötzchen eines Kindes sind jedoch die eine, die berufliche Laufbahn, das Leben und Beziehungen eine vollkommen andere Sache. Hasst du es nicht auch aus tiefstem Herzen, wenn alles zusammenbricht, wofür du gearbeitet hast? Die Verschwörung des Zunichtemachers entsteht meistens im Alter von ungefähr drei Jahren. Obwohl es eine primitive Abwehrstrategie des Egos ist, die von einem dreijährigen Selbst geleitet wird, ist sie äußerst zerstörerisch und führt zu großer Enttäuschung, wenn die gesamte Arbeit und alle Investitionen unwiederbringlich verloren sind.

Frage dich: Wenn ich wüsste, wie viele Verschwörungen des Zunichtemachers ich habe, dann sind es wahrscheinlich...

Wenn ich wüsste, welchen Zweck sie für mich erfüllen, dann habe ich sie, damit ich...

Du kannst sehen, welche Folgen es hat, wenn du zulässt, dass dein Leben in sich zusammenbricht. Du kannst jetzt eine neue Entscheidung treffen, alle Verschwörungen des Zunichtemachers loszulassen. Du kannst die Entscheidung treffen, dich dem Erfolg und deiner Lebensaufgabe zu verpflichten. Du kannst dich dazu verpflichten, vorwärtszugehen, während du dich davon befreist, von deinen Verschwörungen gefangen gehalten und beherrscht zu werden.

LEKTION 57
Die Verschwörung des Zunichtemachers heilen: Teil II

Ich habe vor kurzem einen siebentägigen Erfolgs-Workshop und einen eintägigen Business-Workshop durchgeführt. In beiden Fällen erwies sich die Verschwörung des Zunichtemachers als die größte Falle für den Erfolg.

Um die Verschwörung des Zunichtemachers vollständig ausmerzen zu können, ist es hilfreich, wenn du einige Dinge verstehst. Der erste Punkt ist, dass die Verschwörung des Zunichtemachers, wie alle anderen Verschwörungen, deshalb da ist, weil du es so entschieden hast. Auch wenn diese Entscheidung falsch war, besitzt sie dennoch große Macht. Eine Möglichkeit, um eine Verschwörung aufzulösen, besteht darin, die falschen Entscheidungen ans Tageslicht zu bringen und zu erkennen, dass eine Verschwörung uns niemals glücklich machen kann. Der zweite Punkt, den es zu verstehen gilt, ist, dass eine Verschwörung eine Abwehrstrategie ist, die uns vor unserer Versagensangst und unserer Erfolgsangst schützen soll, insbesondere im Hinblick auf unsere Lebensaufgabe. Dies tut sie, indem sie uns ablenkt und all die Arbeit und Zeit, die wir investiert haben, um unser Leben erfolgreich zu gestalten, zunichte macht. Die Macht dazu hat sie, weil wir glauben, dass wir nicht „groß" genug oder gut genug sind, um das zu erreichen, von dem wir versprochen haben, dass wir es in unserem Leben vollbringen würden. Damit wir dies korrigieren können, müssen wir das, was wir von uns selbst glauben, verändern und die Hilfe annehmen, die der Himmel uns anbieten will. Wenn wir sie annehmen, ist der Himmel in der Lage, durch uns zu arbeiten.

Der dritte Punkt, den wir im Hinblick auf die Verschwörung des Zunichtemachers verstehen sollten, ist, dass sich unter jeder dieser Verschwörungen eine neue Stufe der Zuversicht, der Kraft und der Begabung verbirgt, die auf natürliche Weise zum Erfolg deines ganzen Lebens beiträgt. Wir dürfen auch nicht vergessen, dass tiefere Bereiche unseres Bewusstseins sich öffnen und andere oder ähnliche Verschwörungen ans Licht kommen können, um geheilt zu werden, während wir in unserem Leben zu einer ganz neuen Phase vorangehen. Sei nicht entmutigt oder verzweifelt. Das Wichtigste ist, eine Verschwörung erst einmal zu heilen, denn das verleiht uns die Zuversicht, dass es stets einen Weg gibt, der durch unsere Verschwörungen hindurchführt. Dieses Wissen macht Mut, weil wir auf einer höheren Stufe unseres Wachstums wahrscheinlich noch einmal mit der Verschwörung des Zunichtemachers konfrontiert werden.

Frage dich jetzt: Wenn ich wüsste, vor welcher Angst diese Verschwörungen, die meinen Erfolg blockieren, mich schützen sollten, dann ist es die Angst vor...

Wie gut ist es den Verschwörungen gelungen, deine Angst abzublocken? Wie viel Angst haben die Verschwörungen selbst hervorgerufen?

Glaubst du, dein kreatives Bewusstsein könnte über eine effektivere Möglichkeit verfügen, mit dieser Angst umzugehen?

Würdest du deine Verschwörungen gerne loslassen und dich dafür entscheiden, deinem kreativen Bewusstsein die Verantwortung zu übertragen?

LEKTION 58

Was du nicht gibst,
dessen fühlst du dich beraubt

Dies ist eine machtvolle Lektion, die den Erfolg in jedem
Bereich unseres Lebens beeinflusst. Unser Geben lässt uns
empfangen. Wenn wir nicht geben, verschließen wir uns dem
Empfangen. Wenn wir nicht geben, fühlen wir uns beraubt. Wir
wollen einmal das Muster aus Bedürfnis, Schwelgen und Sucht
untersuchen. In diesem Bereich haben wir alle mehr oder weniger
große Probleme. Das Muster aus Bedürfnis, Schwelgen und Sucht
bringt uns dazu, dass wir versuchen, etwas zu bekommen. Dieser
Versuch, etwas zu bekommen oder zu nehmen, kann uns niemals
befriedigen, sondern verstärkt unser Gefühl der Leere nur noch
mehr. Nur unser Geben kann uns Befriedigung verschaffen. Unser
Geben ist kreativ, es erfüllt uns.

Wir wollen dies einmal in Bezug auf Erfolg untersuchen. Erfolg
ist Energie, ist ein Bewusstseinszustand, den wir mit den Menschen in unserem Umfeld teilen können. In deinem Bewusstsein
gewinnt diese Energie an Stärke, wenn du sie anderen Menschen
zuteil werden lässt.

Wer ist der wichtige Mensch in deinem Leben, mit dem du
die Energie des Erfolgs teilen sollst? Stell dir vor und spüre den
ganzen Tag lang, dass du diesem Menschen Erfolgsenergie gibst.
Dabei spielt es keine Rolle, ob er seinen Körper bereits verlassen
hat, denn dies ist für seine Seele bestimmt.

Überleg dir nun, mit welchen drei anderen Menschen in deinem
Leben du diese Energie des Erfolgs teilen sollst. Stell dir vor und
spüre, wie du sie mit diesem Geschenk erfüllst. Tu dies so oft, wie
es sich richtig für dich anfühlt.

Zum Schluss tu etwas Praktisches für einen anderen Menschen,
mit dem du ihm Erfolgsenergie gibst. Vielleicht entspannst du
dich einfach einen Moment lang, während du darüber nach-

denkst. Wem sollst du etwas geben? Was bist du aufgefordert, ihm zu geben?

Nimm während des ganzen Tages wahr, wie deine Erfülltheit, deine Zufriedenheit und dein Erfolg durch dein Geben wachsen.

LEKTION 59
Du fühlst dich der Dinge beraubt,
die du in Wirklichkeit gar nicht willst

Denke einmal an all die Dinge, von denen du glaubst, dass du sie brauchst. Denke an all die Dinge, über die du klagst, dass du nicht genug davon bekommst, wie etwa Liebe, Zeit, Geld, Sex, Erfolg, Mühelosigkeit, Urlaub und Kommunikation mit anderen. Dies sind Dinge, die du deinem Unterbewusstsein zufolge gar nicht wirklich willst. Wenn du dir darüber klar wärest, was du willst, wenn es keinen Konflikt gäbe, dann hättest du das, wovon du glaubst, dass du es willst. Konflikte führen zu Angst und Zwiespältigkeit. Es gibt einen verborgenen Anteil deines Bewusstseins, der verhindert, dass du das hast, was du angeblich willst.

Darüber möchte ich eine klassische Geschichte erzählen.

Im Jahr 1978 arbeitete ich im Rahmen eines Drogenrehabilitationsprogramms mit einer Gruppe von Matrosen. Ein neunzehnjähriger Matrose klagte darüber, dass er seit neun Monaten keinen Sex mehr gehabt hatte. Diesbezüglich konnte die ganze Gruppe mit ihm mitfühlen. Der Matrose war sechs Monate in einem Ausbildungslager gewesen. Direkt im Anschluss daran hatte man ihn auf eine fast zweieinhalb Monate lange Fahrt geschickt, bevor er schließlich im Rehabilitationszentrum angekommen war. Nach einer Woche der Belehrung (d. h. zurück ins Militär und zur täglichen Routine) hatte er nun die erste Therapiewoche hinter sich gebracht.

Als ich andeutete, dass er in Wirklichkeit gar keinen Sex wollte, erhob er energisch Einspruch, sprang auf und ging auf mich los. Um es in Shakespeares Worten zu sagen: „Mich deucht, der Herr gelobt zu viel." Drei der jungen Männer aus der Gruppe mussten ihn zurückhalten.

Ich fuhr fort: „Hör zu, du hast doch nichts zu verlieren. Lass uns der Sache auf den Grund gehen und sehen, ob wir sie klären können."

Er war sofort einverstanden.

Daraufhin fragte ich ihn: „Wenn du wüsstest, was du im Hinblick auf Sex glaubst, dann ist Sex…"

Er antwortete: „Sex ist Spaß."

Ich fragte noch einmal, und er antwortete: „Sex ist schweißtreibend."

Ich fragte ihn noch einmal: „Wenn du wüsstest, was du im Hinblick auf Sex glaubst, dann ist Sex…"

„Benutzt zu werden", erwiderte er.

Ich machte ihn darauf aufmerksam, dass die Überzeugung, Sex sei Spaß, positiv war, dass die Überzeugung, Sex sei schweißtreibend, je nach seiner Vorliebe entweder positiv oder negativ sein konnte, dass aber die Überzeugung, Sex bedeute, benutzt zu werden, definitiv dazu führte, dass er sich gegen Sex wehrte.

Dann fragte ich ihn: „Wenn du wüsstest, wie alt du warst, als du angefangen hast zu glauben, dass Sex bedeutet, benutzt zu werden…"

Er sagte: „Sechzehn."

Ich fragte: „Wenn du wüsstest, wer bei dir war, dann war es wahrscheinlich…"

In diesem Moment sah ich an seinen Augen, dass die Erinnerung zurückkehrte. Er begann eine Geschichte zu erzählen, die seine Freunde in der Gruppe zuerst ungläubig staunen und dann zutiefst neidisch werden ließ.

Der junge Matrose erzählte, dass, als er sechzehn war, seine vier Kusinen, die zu dieser Zeit sechzehn, siebzehn, achtzehn und neunzehn Jahre alt waren, beschlossen, ihm eine Einweihung in Sachen Sex zuteil werden zu lassen. Das taten sie dann auch, eine nach der anderen. Mittlerweile starrten alle anderen Mitglieder der Gruppe ihn mit offenem Mund an.

Während wir redeten, erkannte der junge Mann langsam, dass er sich in gewisser Weise benutzt gefühlt und deshalb nach diesem Vorfall dem Sex sozusagen die Tür vor der Nase zugeschlagen hatte.

Ich schlug ihm vor, in Bezug auf Sex eine neue Entscheidung zu treffen, die darin bestehen sollte, dass er die zugeschlagene Tür wieder öffnete. Er schloss seine Augen und verharrte einige Augenblicke lang mit entschlossenem Gesichtsausdruck, während er eine neue Entscheidung traf. Später an diesem Nachmittag gewährte man ihm sein erstes freies Wochenende in neun Monaten.

Als ich am Montagmorgen die drei Treppen zu unserer Etage hochstieg, wartete er auf mich, ein breites Lächeln im Gesicht. Er schüttelte mir immer wieder die Hand und rief dann laut: „Hey, Leute. Hört auf diesen Mann. Er ist wirklich gut. Er hat mir wirklich geholfen. Hört auf ihn! Hört auf ihn!"

Später erfuhr unsere Gruppe, dass er bereits in seinen ersten freien Stunden eine Freundin gefunden hatte. Sie hatten das ganze Wochenende in ihrer Wohnung verbracht und das Schlafzimmer nur verlassen, um etwas zu essen zu bestellen.

Das war der Moment, in dem die Wahrheit des Prinzips „Du bekommst nie genug von dem, was du in Wirklichkeit gar nicht willst" sich endgültig in meinem Bewusstsein festsetzte.

Nun möchte ich dir ein paar Fragen darüber stellen, was dir vermeintlich in deinem Leben fehlt.

Wähle eine Kategorie, in der du dir mehr Fülle wünschst. In diesem Beispiel wollen wir den Erfolg nehmen.

Stell dir nun fünfmal die folgende Frage:
1. Wenn ich wüsste, was mich Angst davor haben lässt, erfolgreich zu sein, dann ist es…
2. Wenn ich wüsste, was mich Angst davor haben lässt, erfolgreich zu sein, dann ist es…
3. Wenn ich wüsste, was mich Angst davor haben lässt, erfolgreich zu sein, dann ist es…
4. Wenn ich wüsste, was mich Angst davor haben lässt, erfolgreich zu sein, dann ist es…
5. Wenn ich wüsste, was mich Angst davor haben lässt, erfolgreich zu sein, dann ist es…

Natürlich kannst du dir diese Frage auch mehr als fünfmal stellen, wenn dir viele Antworten dazu einfallen.

Nimm dir Zeit, um über deine Antworten nachzudenken. Erkenne, dass dies deine Überzeugungen sind. Da es deine Überzeugungen sind, können sie genau so sein, wie du sie gerne hättest. Wenn die Überzeugungen, die du vorbringst, nicht so gut sind wie der Erfolg, den du erfährst, dann weist dies auf eine Stufe der Leugnung hin, der du dich nicht stellen willst. Wenn du bereit bist, dich ihr zu stellen, wirst du dir deiner negativen Überzeugungen gewahr, und du wirst eine neue Entscheidung treffen, viel erfolgreicher zu sein.

Welche Überzeugungen möchtest du jetzt loslassen?

Welche Entscheidung im Hinblick auf Erfolg willst du jetzt treffen?

Würdest du dich entscheiden, dem Erfolg jetzt die Tür zu öffnen?

LEKTION 60
Dinge haben so lange Bestand,
wie du sie schätzt

Wenn du eine Sache oder einen Menschen schätzt, dann gibst du dieser Sache oder diesem Menschen. Wenn du aus irgendeinem Grund aufhörst, die Sache oder den Menschen zu schätzen, dann verlierst du diese Investition. Indem du etwas schätzt und ihm damit gibst, baust du eine Beziehung auf und erhältst sie aufrecht. Denke einmal an die Dinge zurück, die du in deinem Leben vielleicht verloren hast, weil du aufgehört hast, sie zu schätzen.

Mitte der 70er Jahre bin ich intuitiv auf dieses Prinzip und seinen Zusammenhang mit Beziehungen gestoßen. Dadurch konnte ich einigen jungen Matrosen, mit denen ich im Rahmen des Rehabilitationsprogramms arbeitete, helfen, schlimme Herzensbrüche und schlechte Gefühle zu überwinden, mit denen sie sich seit Wochen herumschlugen. Ein junger Matrose, mit dem ich arbeitete, jammerte seit Wochen über den Verlust einer Freundin, die ihn verlassen hatte, während er auf einer sechs Monate dauernden Fahrt war. Nachdem ich sein ständiges Jammern leid war, hatte ich eine intuitive Idee, die ich ihm in Form einer Frage mitteilte. Ich fragte ihn, warum er nicht mehr länger mit dieser Frau zusammen sein wollte. „Weshalb wolltest du sie denn nicht mehr?", fragte ich. Als ich ihm diese Frage stellte, schienen seine Augen plötzlich aufzuleuchten, und er sagte: „Oh ja, das habe ich vergessen. Einige Wochen, bevor sie mit mir Schluss gemacht hat, hatte ich beschlossen, mit ihr Schluss zu machen. Wir hatten verschiedene Richtungen eingeschlagen. Ich wollte aufs College, während sie die ganze Zeit immer nur ausgehen wollte."

Im Kern jeder Depression liegt ein Verlust. Dabei vergessen wir jedoch, dass wir vor dem Verlust aufgehört haben, das zu schätzen, was wir verloren haben. Nach einem Verlust verbergen Menschen oftmals ihre Zwiespältigkeit. Den Teil, in den sie nicht mehr länger investiert haben, scheinen sie zu vergessen. Dies ist ein machtvolles Prinzip, weil die Menschen sich so lange an ihren Verlust und die daraus resultierende Verleugnung des Lebens klammern, bis sie endlich loslassen. Dieses Festklammern blockiert sowohl das Empfangen als auch das Weitergehen. Würden wir die Bedeutung dieses Prinzips voll und ganz erkennen, dann wären wir imstande, unsere Verluste auf ein Minimum zu begrenzen. Wir würden auch daran arbeiten, unsere Zwiespältigkeit zu heilen, indem wir gegensätzliche Gefühle integrieren, weil wir verstehen würden, welch große Wirkung der Teil von uns, der Dinge nicht schätzt, auf unser Leben haben kann. Schließlich würden wir erkennen, welche Macht unser Bewusstsein hat, wenn es darum geht, Menschen, Situationen und Dinge zu schätzen. Wir würden erkennen, dass unsere Wertschätzung den Erfolg einer Situation nicht nur bewahrt, sondern sogar vergrößert.

Betrachte einmal einige größere Verluste in deinem Leben, die du noch immer für einen Verlust hältst. Dass du sie nach wie vor als Verlust betrachtest, ist Beweis dafür, dass du sie noch nicht restlos überwunden hast. Du hast sie nicht losgelassen. Dadurch gibt es Gefühle von Verlust, Traurigkeit und Depression dort, wo natürliche Leichtigkeit, Fluss und Erfolg sein sollten, die durch Wertschätzung entstehen.

Wir wollen noch einmal einen Blick auf diese Verlustsituationen werfen. Um dir den Zugang zu deinem Unterbewusstsein zu erleichtern, tu so, als hättest du aufgehört, das zu schätzen, was du verloren hast. So zu tun, als hättest du gewollt, dass es passiert, ist eine einfache, aber effektive Möglichkeit, Zugang zum Unterbewusstsein zu bekommen. Dann frage dich einfach: Warum wollte ich, dass es so passiert?

Mache eine Aufstellung der Verluste, die du in der Vergangenheit erfahren hast. Schreibe in einer zweiten Spalte dann den Grund auf, aus dem du aufgehört hast, das zu schätzen, was du verloren hast.

Alte Verluste	Der Grund, aus dem du aufgehört hast, das zu schätzen, was du verloren hast
1.	1.
2.	2.
3.	3.

Erkenne, dass jedes Schuldgefühl, das an dieser Stelle zutage tritt, bereits da war. Es war lediglich verborgen, und jetzt dient es nur dem Zweck, dafür zu sorgen, dass du stecken bleibst und dass dein Ego stark bleibt. Das hindert dich daran, loszulassen und weiterzugehen. Sollte dies geschehen, dann triff einfach die Entscheidung, die Schuld loszulassen, da sie nur eine andere Form des Festhaltens an diesen alten Verlusten ist. Lass los, damit du in deinem Leben wieder vorwärtsgehen kannst.

Erkenne, dass die großen Verluste, die du in der Kindheit erfahren hast, zum Teil dem Zweck dienten, unabhängig zu werden, nicht auf deine Eltern hören und sie nicht als deine Chefs betrachten zu müssen. Bei den unzähligen Verlusten, an denen ich mit Menschen gearbeitet habe, bestand die Schlüsseldynamik nahezu immer darin, dass sie unabhängig werden oder sich vor ihrer Lebensaufgabe verbergen wollten.

LEKTION 61
Du hast als Erfolg begonnen

Fühlst du dich wie ein Champion? Würdest du dich wie ein Champion fühlen, wenn du den ganzen Atlantik schwimmend durchquert hättest? Wenn du direkt im Anschluss daran einen Tanzwettbewerb gewinnen würdest, würdest du dich dann wie ein Champion fühlen? Genau das hast du getan, als du dieses Leben in einem Körper begonnen hast. Das kleine Spermium, das die Hälfte von dir war, ist eine Strecke geschwommen, die der Breite des Atlantiks entspricht. Dann hat es in der Hoffnung, auserwählt zu werden, dich zu erschaffen, an einem Tanzwettbewerb teilgenommen, dessen Schwerpunkt auf „The Bump" lag. Und weißt du was? Du hast gewonnen. War es bloße Beharrlichkeit? Oder war dein beeindruckender Stil der Grund, weshalb du auserwählt wurdest? Alles andere als die Erkenntnis, dass du ein Champion bist, ist nur ein Glaubenssatz, den du dir über dich selbst ausgedacht hast. Du hast diese Glaubenssätze über dich selbst geschaffen, weil du Angst davor hattest, ein Champion zu sein. Aus diesen Glaubenssätzen wurden Selbstkonzepte, die in deinem Selbstgefühl eingesperrt sind.

Nimm dir nun einen Moment Zeit, um die Vorstellung, dass du ein Champion bist, von ganzem Herzen anzunehmen. Fühle es. Spüre es. Wenn sich Angst einstellt, fühle auch sie. Fühle sie ganz intensiv, und während du es tust, wird sie dahinschmelzen. Es kann sein, dass du durch viele Schichten negativer Gefühle hindurchgehen musst, aber irgendwann wirst du bei positiven Gefühlen ankommen. Sage dir den ganzen Tag lang immer wieder: „Ich bin ein Champion." Lass zu, dass dieser Satz dir dabei hilft, Schicht für Schicht die Angst abzulegen. Du bist ein Champion. Schäle dich aus den Schichten der Emotion und der Selbstkonzepte heraus, die dich daran hindern, dich zu erkennen und du selbst zu sein.

LEKTION 62
Du erzählst diese Geschichten

Tief in uns befinden sich die Drehbücher unseres Lebens. Diese Drehbücher sind Geschichten, die wir uns selbst und anderen Menschen über unser Leben erzählen. Wir schöpfen Mythen und machen sogar unser Leben zu einem Mythos. Dieser Teil unserer Seele oder unseres Unbewussten ist in der Regel verborgen, hat aber dennoch einen enorm großen Einfluss auf das, was in unserem Leben geschieht. Diese Geschichten, die wir in unserem Leben erzählen, sind von großer Bedeutung, wenn es um die Qualität unseres Lebens und das Ausmaß unseres Erfolgs geht.

Denke darüber nach, welche Art von Geschichten du schreiben musst, damit dein Leben so ist, wie es ist. Gibt es mehr negative oder mehr positive Geschichten in deinem Leben? Sollte es mehr negative Geschichten geben, dann könnte es sein, dass du sie kompensierst. Das würde ein hohes Maß an Leblosigkeit und an harter Arbeit in deinem Leben hervorrufen. Es würde dir kaum eine oder gar keine Belohnung lassen. All deine Energie würdest du allein dafür aufbrauchen, dich vor deinen eigenen Geschichten zu schützen.

Denke einen Moment lang nach: Wenn dein Leben ein Kinofilm über Erfolg wäre, wie würde er heißen?

Willst du, dass deine Lebensgeschichten in Bezug auf Erfolg so aussehen? Wenn sie dir nicht gefallen, kannst du sie ändern. Die negativen Geschichten deines Lebens, die dein Ego verbreitet, sind davon abhängig, dass sie verborgen bleiben. Sobald du sie erkannt hast, kannst du andere Entscheidungen treffen. Wenn dein Film über Erfolg dir nicht gefällt, lass ihn los. Ändere ihn!

Frage dich nun noch einmal: Welchen Titel werde ich dem Film über meinen Erfolg geben?

Wenn der neue Titel dir nicht gefällt, lass ihn ebenfalls los. Lass jede Geschichte über Erfolg oder einen Mangel an Erfolg los, bis du bei einer wirklich guten Geschichte ankommst. Nimm sie als deine eigene Geschichte an. Da es dein Leben ist, entscheidest du auch darüber, welche Art von Leben du haben und welche Art von Geschichte du darüber schreiben willst.

LEKTION 63
Die Geschichte des Scheiterns

Eine der gängigen negativen Geschichten, die das Muster unseres Lebens bilden, ist die „Geschichte des Scheiterns". Natürlich kompensieren wir diese Geschichte in der Regel, da sie extrem schmerzhaft ist. Negative Geschichten können sowohl in Form von Ahnenmustern durch Generationen unserer Familie an uns weitergegeben als auch auf Seelenebene hereingebracht worden sein. Durch Probleme in der Familie können sie aber auch in der frühen Kindheit beginnen, da jedes Kind in der Familie glaubt, für diese Probleme verantwortlich zu sein. Als Kind scheint eine Lösung dieser Familienprobleme meist weit über unsere Fähigkeiten hinauszugehen, und an allen negativen Dingen, die in der Familie geschehen, geben wir uns die Schuld. Diese Schuldgefühle vergraben wir zwar, aber dennoch verstärken sie unser Gefühl des Scheiterns. Sobald jemand beginnt, eine Geschichte des Scheiterns zu schreiben, geht es nicht mehr nur darum, die Wurzel des Musters zu klären. Die Geschichte des Scheiterns setzt sich aus eigenem Antrieb fort und übt einen tiefgreifenden Einfluss auf uns aus. Deshalb dürfen wir nicht nur nach einer einzigen Geschichte des Scheiterns suchen, sondern müssen bereit sein, sie alle aufzudecken, denn in der Regel haben wir in unserem Unbewussten eine ganze Reihe von Geschichten des Scheiterns eingesperrt.

Frage dich jetzt: Wenn du wüsstest, wie viele Geschichten des Scheiterns du hast, die dich beeinflussen, dann sind es wahrscheinlich...

Kommen zwei Zahlen heraus, dann greifst du hinsichtlich deiner Geschichten des Scheiterns wahrscheinlich auf zwei Schichten deines Bewusstseins zu. Das liegt daran, dass du zu einer gegebenen Zeit in mehr als nur einer Wachstumsphase sein kannst. Es ist möglich, Zugang zur Heilung auf allen Stufen zu finden, wenn diese zutage treten. Möglicherweise entdeckst du noch andere Geschichten des Scheiterns, wenn du andere Wachstumsphasen erreichst, in denen tiefere Schichten des Bewusstseins sich öffnen. Lege alle Geschichten des Scheiterns, die du entdeckst, in die Hände deines kreativen Bewusstseins, damit es sie für dich auflöst. Entscheide dich stattdessen für Geschichten des Erfolgs und des Glücks. Während du deine Geschichten des Scheiterns übergibst, achte darauf, was dir an ihrer Stelle gegeben wird.

LEKTION 64
Was ich zu verlieren fürchte

Ein weit verbreiteter Irrglaube, der mir bei der Erforschung des Unterbewusstseins schon sehr oft begegnet ist, besteht in der Vorstellung, dass man etwas verliert, wenn man Erfolg hat. Das macht Erfolg äußerst unattraktiv. Fast jeder, der nicht erfolgreich war, hatte, wenn er intuitiv befragt wurde, Angst davor, dass er etwas Wichtiges verlieren könnte, wenn er Erfolg hätte.

Hier sind einige der häufigsten Antworten, was Menschen zu verlieren glauben, wenn sie Erfolg hätten: ihr Leben, ihren Ehepartner, Lebenssinn, ihren Lebensgrund, die Herausforderung in ihrem Leben, ihren „Biss" oder ihren Antrieb, ihre Träume und ihre Gesundheit. Aus der Perspektive des Geistes betrachtet können wir klar erkennen, dass Erfolg nicht Erfolg wäre, wenn wir diese Dinge tatsächlich verlieren würden, ohne dass sie durch etwas Besseres ersetzt werden. Erfolg ist jedoch Erfolg, und daran wird sich auch nichts ändern. Wenn wir diese Angst vor einem Verlust geklärt haben, können wir mit Zuversicht und der Überzeugung vorangehen, dass wir es verdienen, erfolgreich zu sein.

Stell dir folgende Frage, und denke über deine Antworten nach:

1. Wenn ich wüsste, was ich zu verlieren fürchte, wenn ich Erfolg hätte, dann wäre es …

2. Wenn ich wüsste, was ich zu verlieren fürchte, wenn ich Erfolg hätte, dann wäre es …

3. Wenn ich wüsste, was ich zu verlieren fürchte, wenn ich Erfolg hätte, dann wäre es …

4. Wenn ich wüsste, was ich zu verlieren fürchte, wenn ich Erfolg hätte, dann wäre es …

5. Wenn ich wüsste, was ich zu verlieren fürchte, wenn ich Erfolg hätte, dann wäre es …

Welche Antworten kannst du problemlos als törichte Ängste loslassen? Lege die restlichen Antworten in die Hände deines kreativen Bewusstseins, damit es sie für dich auflöst. Entscheide dich nun für eine neue Überzeugung im Hinblick auf das, was Erfolg ist. Gib fünf positive Antworten zu dem, was Erfolg ist.

1. Erfolg ist …
2. Erfolg ist …
3. Erfolg ist …
4. Erfolg ist …
5. Erfolg ist …

LEKTION 65
Beförderung zur nächsten Stufe des Erfolgs

Wir haben eine Phase unseres Lebens erreicht, in der wir entweder zuversichtlich sind oder gerade lernen, zuversichtlich zu sein. Da, wo wir gerade lernen, zuversichtlich zu sein, gibt es noch immer Probleme. Diese Probleme sind ein Versuch des Egos, uns am Weitergehen zu hindern. Wenn unsere Bereitschaft, zur nächsten Stufe zu gelangen, stärker wird als unsere Angst, dann verschwinden die Probleme, weil die Kraft unseres Willens, erfolgreich zu sein, größer wird als die Fähigkeit dieser Probleme, uns daran zu hindern.

Ob wir auf eine neue Stufe des Erfolgs gelangen oder auf sie zugehen, hängt von unserer Bereitschaft ab, neue Höhen zu erreichen. Es geschieht oft, dass Menschen in eine Falle geraten, ehe sie auf eine neue Stufe gelangen. Ob wir nun aber in zahllosen Problemen oder nur in der Trägheit von Gefühlen der Leblosigkeit feststecken, die neue Stufe hat die Antwort auf alle diese Symptome der Angst.

Wenn wir auf der Stufe, auf der wir jetzt sind, Gefühle der Zuversicht empfinden, die uns im Hinblick auf die nächste Stufe aber noch fehlen, dann erfahren wir vielleicht Gefühle der Angst und der Unzulänglichkeit, die nur dazu dienen, uns zurückzuhalten. Wir können uns nur schwer vorstellen, auf der nächsten Stufe erfolgreich zu sein. Da wir nicht wissen, welchen Themen wir uns dort werden stellen müssen, sind wir nicht sicher, ob wir fähig sein werden, mit ihnen umzugehen. Aus Angst machen wir bisweilen kleine Schrittchen anstelle der großen Sprünge, die möglich sind.

Halt einen Moment inne, um über dein Leben nachzudenken. Auf welcher Stufe deines Lebens befindest du dich jetzt? Überlege, worin die nächste Stufe deines Erfolgs bestehen könnte. Worin besteht dein nächster Sprung nach vorne? Bist du bereit, diesen

Sprung zu wagen? Wenn ja, dann verpflichte und gib dich diesem Sprung von ganzem Herzen. Willst du diesen Sprung nach vorne von ganzem Herzen?

Triff die Entscheidung, den Sprung zu wagen, ungeachtet dessen, ob du positive oder negative Gefühle hast. Dieser Sprung ist nicht unbedingt etwas, das *du selbst* tust, sondern vielmehr etwas, das zu dir kommt, wenn du bereit bist und dich ihm verpflichtet hast. Akzeptiere die neue Stufe jetzt. Eine mühelosere und erfolgreichere Lebensweise erwartet dich.

LEKTION 66
Erfolg oder Sucht

Es ist allgemein bekannt, dass Sucht ein Hindernis für den Erfolg ist. Die meisten Menschen, die wegen ihrer Süchte nicht auf der Überholspur zum Scheitern sind, haben jedoch gelernt, sie zu verbergen und zu kompensieren. Kompensationen verbergen den Ernst der Sache vor uns selbst und vor anderen, und sie erzeugen dort, wo es um Erfolg geht, einen blinden Fleck in unserer Welt. Direkt vor unseren Augen liegt etwas, das wir brauchen, um Erfolg zu haben, doch wir gehen ihm aus dem Weg. Wir können es nicht sehen. Der einzige Hinweis darauf, dass es da ist, ist unser Mangel an Erfolg. Dies führt dazu, dass wir uns ein wenig hilflos fühlen. Wir tun alles, was notwendig ist, um Erfolg zu haben, aber trotzdem funktioniert es nicht.

Fehlender Erfolg ist ein verräterisches Zeichen dafür, dass eine andere Sache uns viel wichtiger ist als Erfolg. Was immer es ist, es hat die Dringlichkeit und die Ablenkung einer Sucht. Es ist etwas, das außerhalb von uns selbst liegt und dem wir unsere Macht übergeben haben. Wir haben diesem Menschen oder dieser Sache magische Qualitäten verliehen, von denen wir glauben, dass sie uns glücklich machen werden. Unsere Sucht hat eine obsessive Qualität. Wir können von einem Menschen oder einem Ort, aber auch von einem Prozess wie Arbeiten, Sex oder Gewinnen abhängig sein. Die Sucht kann in Vergeltung, einem Groll oder einer Form von Selbstangriff wie Verletzung oder Krankheit bestehen. Was geht dir unaufhörlich im Kopf herum? Es kann sowohl negativ als auch scheinbar positiv sein. Jeder Zwang weist auf eine Falle hin. Jede Sucht weist auf eine „Geschichte des Scheiterns" hin. Sie zeigt ein zwanghaftes Verhalten, also ein Verhalten, das wir ständig wiederholen. Deine „Geschichte des Scheiterns" verbirgt eine „Geschichte der Inspiration". Es gibt etwas, das zu tun wir aufgefordert sind, etwas, das unser Herz berühren und eine Inspiration für uns selbst und andere sein würde.

Wenn du entdeckt hast, worin deine Sucht besteht, lege sie in die Hände deines kreativen Bewusstseins, damit es sie für dich loslässt. Öffne nun dein Bewusstsein und dein Herz. Bitte um das, was zu tun du aufgefordert bist. Bitte um deine „Geschichte der Inspiration". Sie wird dir Energie und Auftrieb verleihen, dein Leben mit Sinn erfüllen und anderen Menschen helfen. Sie wird sich als eine Lebensweise fortsetzen, die sowohl im Fluss als auch erfolgreich ist. Sie bahnt den Weg voran und bewirkt Veränderung.

LEKTION 67
Anderen Menschen Kraft geben

Wenn wir anderen Menschen Kraft geben, dann wird uns selbst Kraft geschenkt. Das bewirkt, dass unsere Zuversicht und unsere Kraft wachsen. Wenn wir helfen, dann wird uns geholfen, und wir sind da, um anderen Menschen zu helfen. Wenn wir anderen Menschen helfen, erfolgreicher zu sein, dann erfüllen ihr Erfolg und ihre Dankbarkeit uns mit Energie. Wenn wir anderen Menschen Kraft geben, dann machen wir sie stärker, und das macht unsere Arbeit leichter. Wenn wir den Erfolg anderer Menschen unterstützen, dann werden unsere positiven Überzeugungen im Hinblick auf den Erfolg verstärkt. Die Gemeinsamkeit, die entsteht, indem wir anderen helfen, erschafft Zusammenarbeit und bewirkt ein größeres Maß an Leichtigkeit. Anderen Menschen Kraft zu geben zeugt von Führungsstärke. Wenn wir interessiert sind und handeln, dann wird unser eigenes Leben und auch das Leben der Menschen in unserem Umfeld besser. Unsere Führungsstärke bewirkt Fluss und Verbesserung in unserem eigenen Leben. Ein hingebungsvoller Führer gewinnt im Gegenzug nicht nur Unterstützung, sondern Hingabe. Dies führt eine höhere Stufe des Erfolgs für alle Beteiligten herbei.

Höre heute auf dein höheres Bewusstsein. Wem bist du aufgefordert zu helfen? Auf welche Weise bist du aufgefordert, diesem Menschen zu helfen? Gib die Hilfe, die du geben kannst, heute zum Nutzen aller.

LEKTION 68
Das Muster der Niederlage heilen

Eine Niederlage ist kein einmaliges Ereignis, sondern der Ausdruck eines Musters. Der Ursprung dieses Musters liegt in einem Herzensbruch und einer Niederlage, die wir in unserer Kindheit erfahren haben.

Ich habe einmal mit einem Geschäftsmann gearbeitet, der ein sehr ausgeprägtes Muster des Scheiterns und eine schlechte Investitionsstrategie hatte. Zu Beginn unserer Arbeit entdeckten wir, dass es bei ihm zwei Schichten von Verschwörungen gab, die das ins Leben riefen, was wie eine unüberwindliche Abwehr aussah. Ihr einziger Zweck aber bestand darin, die Erfahrung der Niederlage und des Herzensbruchs zu verbergen, die er als Junge bei der Geburt seines Bruders erlitten hatte.

Als wir anfingen, seine Illusion von Zurückweisung, Niederlage und Herzensbruch zu klären, da begann er, seinen Bruder als seinen Verbündeten zu erfahren. Nun konnte er auch die Gabe der Führungsstärke, die sich unter all diesen Fallen verbarg, aus vollem Herzen annehmen.

Jede Niederlage, jede Zurückweisung und jeder Herzensbruch in unserem Leben ruft ein Muster der Niederlage hervor. Dieses setzt sich so lange fort, bis wir die Lektion gelernt haben. Kürzlich habe ich mit einer Managerin gearbeitet, die nur wenige Tage nach ihrer Geburt zur Adoption freigegeben worden war. Sie hatte in ihrem Geschäft viele Höhen und Tiefen durchlebt, aber nachdem wir ihre Gefühle der Zurückweisung und des Verlassenwerdens geheilt hatten, verlief die Erfolgskurve ihrer Karriere stetig aufwärts. Das Muster der Niederlage gehört zu den wichtigsten Themen, durch die wir uns hindurcharbeiten müssen. Wenn wir es nicht heilen, setzen wir unser Muster der Vergeltung fort, statt erfolgreich zu sein. Erfolg ist ein Teil unseres Seins. Das erkennen wir, sobald wir unsere selbstschädigenden, negativen Muster geklärt haben.

LEKTION 69
Nur Erfolg ist erfolgreich

Es klingt so einfach, aber dennoch wehren wir uns dagegen. Immer dann, wenn wir uns ärgern oder wütend werden, wollen wir das Spiel verändern. Wir versuchen, eckige Stifte in runde Löcher zu stecken. Wir fühlen uns schlecht und reagieren gereizt, wenn das nicht funktioniert. Wir sind frustriert und enttäuscht, wenn wir den Erfolg nicht dazu zwingen können, so zu sein, wie wir ihn gerne hätten. Wir trachten danach, das Spiel zu verändern. Wir versuchen, andere Menschen mit unserem Zorn zu schikanieren oder sie mit unseren körperlichen oder emotionalen Schmerzen zu erpressen, aber wir weigern uns, die Lektion zu lernen, die für den Erfolg notwendig ist.

Nichts ist so erfolgreich wie Erfolg. Wenn wir nicht erfolgreich sind, dann ignorieren wir bestimmte Lektionen. Es gibt in unserem Bewusstsein noch immer Programme der Selbstsabotage. Heilung ist notwendig. Aber nur Erfolg wird erfolgreich sein, ganz egal, wie viele Wutausbrüche wir auch haben oder wie groß unsere Depression ist. Wären wir nur gewillt, das zu lernen, was notwendig ist, um Erfolg zu haben, dann wären wir dazu imstande, unsere Fehler und die Muster der Selbstsabotage in uns zu entdecken und zu korrigieren.

Es gibt einen Weg, um erfolgreich zu sein, und es ist ein besserer Weg als der, den du bislang eingeschlagen hast. Wenn du dich das nächste Mal ärgerst oder keinen Erfolg hast, dann sei bereit, zu lernen und dich zu verändern. Stärke dich selbst, indem du dir sagst: „Nichts ist so erfolgreich wie Erfolg!"

LEKTION 70
Lernen ist unverzichtbar,
damit Veränderung möglich ist

Wenn wir nicht erfolgreich sind, dann müssen wir lernen, was notwendig ist, damit wir es sein können. Der Spruch lautet: „Es gibt Gewinner, und es gibt Lernende." Wenn wir nicht erfolgreich sind, dann ist eine Veränderung notwendig, und Lernen ist immer notwendig, damit diese Veränderung stattfinden kann. Lernen lässt uns jung, beweglich und im Fluss bleiben.

Lernen ist auch dann notwendig, wenn wir erfolgreich sind, denn es hilft uns dabei, erfolgreich zu bleiben. Es gibt so viele Dinge zu lernen. Wir müssen uns auf die Richtung konzentrieren, in die wir gehen wollen, um zu lernen, und ihr folgen. Wenn wir an unser höheres Bewusstsein appellieren, geeignete Bücher, Menschen oder Lernsituationen für uns zu finden, dann wird uns der Weg bisweilen leicht gemacht. Die Veränderung und der Fluss, die infolgedessen in unserem Leben entstehen, lassen ihn zu einer Inspiration werden.

Wir alle sind aufgefordert, etwas über Heilung zu lernen. Durch sie verändern wir uns. Durch sie erlangen wir Frieden, der Liebe, Glück und Fülle hervorbringt. Friede ist es auch, der uns nicht nur lernen, sondern auch Wissen – echtes spirituelles Wissen – erlangen lässt. Dieses Wissen lässt unsere Seele erfolgreich und uns selbst glücklich sein.

Lernen ist unverzichtbar, damit Veränderung möglich ist. Beide sind notwendig, um Erfolg zu haben und zu bewahren.

Welche Einstellung hast du zum Lernen als einem Mittel zum Erfolg?

Wozu wärest du bereit, dich im Hinblick auf das Lernen jetzt zu verpflichten?

LEKTION 71
Selbstmitleid oder Erfolg

Wir alle haben Gefühle von Traurigkeit, die in Form unendlich vieler verschiedener Symptome zum Ausdruck
kommen können. Wo wir einen Verlust unserer Verbundenheit
erfahren haben, wurde diese durch Traurigkeit, Bedürftigkeit,
Angst und Illusion ersetzt. Wenn es diesen Mangel an Verbundenheit nicht gäbe, hätten wir stattdessen Ganzheit und Erfolg.
Wir würden erkennen, dass wir Geist sind – „sicher, geheilt und
ganz", wie *Ein Kurs in Wundern* es ausdrückt.

Wenn wir uns mit dieser Traurigkeit nicht befassen oder sie nicht
loslassen, dann führt sie zu weiteren Erfahrungen der Trennung,
die stets einen Mangel an Erfolg nach sich ziehen. Traurigkeit
kann sehr schnell zu Selbstmitleid führen. Selbstmitleid wiederum
kann viele verschiedene Symptome heraufbeschwören, wie etwa
Rückzug, Negativität oder sogar Kompensationen in Form von
Geschäftigkeit und harter Arbeit. Es kann eine Depression oder
eine Form von Schwelgen hervorrufen. Wenn es eine emotionale
Form des Schwelgens ist, dann geht es meist mit einer Form des
Klagens einher. Dies kann zu einem Wutanfall führen.

Wir glauben von uns selbst nicht oft, dass wir in Selbstmitleid
gefangen sind, weil unsere Abwehr dagegen zu groß ist. Wir glauben nicht oft, dass wir endlich erwachsen werden sollten, aber
in Wirklichkeit bedürfen wir nur allzu häufig eines größeren
Maßes an Reife. Stell dir die Frage, in welchen Bereichen deines
Lebens du dir selbst leidtust. Es sind die Bereiche, in denen du
dich von deiner Situation überwältigt oder enttäuscht fühlst. Wo
dies der Fall ist, dort herrschen Trägheit, Angst oder Depression.
Es hindert dich daran, Verbundenheit aufzubauen, zu geben oder
erfolgreich zu handeln, denn die Wurzel liegt in einem Verlust in
der Vergangenheit, der sich nun in der Gegenwart zeigt. Oft sind
wir für alle diese Dinge blind und erfahren das, was geschieht,

als jenseits unserer Macht, etwas daran zu ändern. Wir übernehmen kaum Verantwortung für unsere gegenwärtige Situation und fühlen uns deshalb gestresst oder deprimiert. Wenn wir einmal erkennen, dass unser Selbstmitleid die chronischen Probleme und den Mangel in unserem Leben nährt, dann können wir reifer und mit größerer Eigeninitiative reagieren. Das Erkennen eines Problems und die Motivation, etwas zu verändern, setzt auf natürliche Weise eine Transformation in unserem Leben in Gang.

Beginne heute mit dem Prozess des Erkennens. Nimm als Erstes wahr, in welchen Bereichen du dich beklagst oder dir selbst leidtust. Dann betrachte deine chronischen Probleme oder die Bereiche in deinem Leben, in denen es einen Mangel gibt. Dies sind die Bereiche, in denen du dir selbst leidtust.

Übernimm heute Verantwortung. Lass heute das Selbstmitleid los. Horche heute in dich hinein. Du wirst geführt im Hinblick auf das, was du tun sollst, um erfolgreich zu sein. Wenn du zuhörst, kannst du den Weg, der zum Erfolg führt, problemlos hören, und du gewinnst neue Energie, während du es tust.

Trägheit

LEKTION 72
Der Verlust der Leidenschaft

Wenn wir unsere Verbundenheit verlieren, dann werden wir depressiv. Wenn wir einen Herzensbruch oder eine Niederlage erleiden, dann ist das Ausmaß, in dem dies geschieht, auch das Ausmaß, in dem wir uns vom Leben zurückziehen. Wenn wir etwas missverstehen und uns in diesem Ausmaß die Schuld daran geben, dann ziehen wir uns zurück und greifen uns durch Ereignisse an, die uns zu einem Opfer machen. Im Laufe unseres Erwachsenwerdens gibt es unzählige Ereignisse, die dazu führen können, dass wir Bewusstseinszustände des Erfolgs und der Leidenschaft verlieren. Diese Ereignisse werden dann zu hohen Hürden, die es zu überwinden gilt, um erneut erfolgreich zu sein. Wie die Zuversicht, so ist auch die Leidenschaft gleichbedeutend mit Erfolg. Wir wollen unser Leben einmal ergründen, um die Vorfälle zu entdecken, die zum Verlust unserer Leidenschaft geführt haben.

Zeichne eine Tabelle mit drei Spalten:

Herzensbrüche und Niederlagen	Zu wie viel Prozent du dich vom Leben zurückgezogen hast	Auswirkung auf dein Leben
1.		
2.		
3.		
4.		
5.		

Wenn du deine Leidenschaft, den Erfolg und die Gaben, die mit ihr einhergehen, zurückbekommen möchtest, dann kannst du folgende Schritte gehen, damit es möglich wird:

1. Wünsche dir deine Leidenschaft von ganzem Herzen zurück. Neben dem Trauma der Niederlage gab es einen Grund dafür, dass du Angst hattest weiterzugehen. Außerdem gab es einen Grund dafür, dass du Angst vor deiner Leidenschaft bekommen hast. Aus welchem Grund hattest du Angst weiterzugehen? Wovor hattest du Angst, was deine Leidenschaft betrifft? Sind diese Ängste wahr oder eine zerstörerische Phantasievorstellung deines Egos? Triff eine Entscheidung in Bezug auf das, was du jetzt wirklich willst.

2. In was investierst du die Kraft deines Bewusstseins? Investierst du sie in die Vorstellung von einer negativen Zukunft, oder investierst du sie in Erfolg?

3. Bitte den Himmel immer wieder darum, dir die Angst zu nehmen.

4. Wenn trotz wiederholter Bemühungen nichts zu funktionieren scheint, dann liegt es daran, dass deine Angst zu groß ist. Spüre die Angst und übertreibe diese Empfindung, bis du an einen Ort gelangst, an dem du tiefen Frieden spürst.

5. Verpflichte dich, allen Boden, den du in deinem Leben verloren hast, zurückzugewinnen. Geh zu jedem Ereignis zurück und stell dir vor deinem geistigen Auge vor, wie du dich auf leidenschaftliche Weise mit dem Leben verbindest. Gewinne zurück, was verloren war. Es ist dein Leben, und es ist deine Entscheidung, wie leidenschaftlich du es lebst. Wenn du deinen Rückzug korrigierst, indem du dich dem Leben wieder neu hingibst, wirst du auch deine Leidenschaft wieder neu erfahren.

Energie investieren zu entdecke
wo etw. ungerecht mir gegenüber
ist → z.B. —ehr Geld, eine tolle
Whg, mehr Einkommen, leben
in NY, ein Haus

149

LEKTION 73
Der Erfolg der Leidenschaft

Es gibt zwei Formen von Leidenschaft. Eine Form führt zum Erfolg, und die andere führt zu Herzensbruch und Niederlage. Die Leidenschaft, die zum Erfolg führt, ist erfüllt von Geben. Wir geben uns selbst vollkommen und auf eine profunde Weise. Wir sind mit dem Leben, mit anderen Menschen und mit der Natur, die uns umgibt, in so hohem Maße verbunden, dass wir auf eine charismatische Weise Energie ausstrahlen. Diese Form der Leidenschaft bringt Erfolg. Wenn wir das Leben von ganzem Herzen umarmen, dann haben wir das Gefühl, dass es uns mitreißt. Wir geben uns anderen Menschen so vollständig, dass wir uns unaufhörlich in sie verlieben. Dasselbe geschieht bei unserer Arbeit und bei allem anderen, was wir tun, und deshalb können wir es uneingeschränkt genießen. Wir geben uns selbst vollkommen, sodass wir alle Menschen und Dinge, zu denen wir in einer Beziehung stehen, erkennen und schätzen. Wenn wir einen Pfirsich probieren und der Saft an unserem Kinn hinunterrinnt, dann lecken alle anderen sich die Lippen.

Es gibt jedoch noch eine andere Form der Leidenschaft, die auf Dringlichkeit und Bedürftigkeit beruht. Diese Form der Leidenschaft ist in Wirklichkeit aber eine Form der Verzweiflung, die zu nehmen versucht, um unsere Leere zu füllen. In dem Maße, in dem dies geschieht, erfahren wir Niederlage und Herzensbruch. Diese Niederlagen können so tiefgreifend sein, dass wir in Dissoziation und Unabhängigkeit verfallen, statt uns für den Kontakt und die Partnerschaft zu entscheiden, die zum Erfolg führen. Das bedeutet, dass wir sehr hart arbeiten, aber in weit geringerem Umfang empfangen und genießen können.

Wahre Leidenschaft ist eine Gabe voller Großzügigkeit, Verbindung, Begeisterung, Spontaneität und Charisma. Sie ist nicht nur auf schöne Weise lebendig, sondern auch auf wunderbare Weise kreativ. Leidenschaft erzeugt Leben und erntet die Belohnungen des Erfolgs.

Ist es nicht an der Zeit für ein wenig Leidenschaft? Wenn wahre Leidenschaft von der Begeisterung herrührt, mit der du gibst, dann hast du die Herrschaft darüber. Wenn die Leidenschaft des Bedürfnisses von etwas außerhalb deiner selbst herrührt, das du haben willst, dann bist du abhängig.

Bringe durch alles, was du gibst, deinen Schwung und deine Begeisterung für das Leben zurück. Gönne dir ein wenig Leidenschaft!

LEKTION 74
Ein Wiedersehen mit der Leidenschaft

Wenn wir leidenschaftlich sind, dann legen wir alle Karten offen auf den Tisch, und wir geben uns selbst und unser Herz so vollkommen, dass wir nicht gewinnen und keine Gegenleistung bekommen müssen. Unsere Begeisterung reißt uns derart mit, dass wir in den paradoxen Zustand gelangen, uns von ganzem Herzen zu geben, ohne verhaftet zu sein. Dies führt irgendwann – wenn nicht sogar unmittelbar – dazu, dass wir selbst erfolgreich sind.

Frage dich nun auf einer Skala von 0 – 100 %, wie leidenschaftlich du bist. Wenn deine Antwort 0 % lautet, dann bist du emotional tot. Wenn deine Antwort 100 % lautet, dann bist du transzendent. Welche Punktezahl gibst du dir selbst? Je näher an hundert Prozent du bist, umso größer ist dein Erfolg. Sieh selbst, wo auf dieser Skala du dich befindest.

Punkte

  1 – 10   Wir sind halb tot.

11 – 20   Unser Leben gleicht dem einer lahmen Schnecke.

21 – 30   Wir schlafen halb.

31 – 40   Wir versuchen uns zu drücken:
              „Ein anderer soll es machen."

41 – 50   Wir haben die Einstellung: „Ich bin zu müde.
              Vielleicht mache ich es, vielleicht aber auch nicht."

51 – 60   Wir haben die Einstellung:
              „Ich tue es, aber widerwillig."

61 – 70   Wir haben die Einstellung: „Ich tue es, aber zögernd."

71 – 80   Wir haben die Einstellung: „Ich tue es freiwillig."

81 – 90   Unsere Einstellung ist: „Ich tue es mit Begeisterung."

91 – 100 Unsere Einstellung ist: „Ich tue es mit Leidenschaft."

Im Bereich von 1– 30 haben wir das Gefühl, das Leben sei an uns vorbeigegangen. Im Bereich von 31– 60 spüren wir sehr viel Leblosigkeit, haben aber auch ein gewisses Maß an Erfolg. Im Bereich von 61– 80 leben und wachsen wir mit deutlichem Erfolg. Im Bereich von 81 – 100 sind wir sowohl glücklich als auch erfolgreich.

Welche Punktezahl erreichst du?

Wirst du eine lahme Schnecke bleiben, oder wirst du dich dafür entscheiden, dich dem Leben fortwährend und vollkommen anzubieten, sodass du alles genießen kannst, was es dir zu bieten hat?

LEKTION 75
Über die Vergangenheit hinwegkommen

Wenn wir über unsere Vergangenheit nicht hinwegkommen, dann braut sie sich wie eine dunkle Wolke über unserer Zukunft zusammen und bezwingt uns auch in der Gegenwart. Solange wir über unsere Vergangenheit nicht hinwegkommen, bewegt sich unser Leben nicht voran. Unsere Vergangenheit hindert uns daran, Gaben und mögliche Größe zu erkennen, die jede Herausforderung in der Gegenwart transzendieren würden. Was auch immer wir in irgendeinem Bereich unseres Lebens vergraben und nicht geheilt haben, das zeigt sich in der Gegenwart in Form von Konflikten. Dazu gehören Aspekte aus Kindheit, Familie, Liebesbeziehungen und Schule, Beziehungen zu Altersgenossen und so weiter. Es hat dazu geführt, dass wir uns entweder vom Leben zurückgezogen haben, oder wir befinden uns gegenwärtig in einem Konflikt. Wenn wir erfolgreich sein wollen, dann ist weder das eine noch das andere hilfreich. Hilfreich ist nur Vergebung. Dazu möchte ich dich nun ein wenig motivieren.

Der Hauptgrund für die Probleme, die wir in der Gegenwart mit einem Menschen haben, ist Groll, den wir gegen einen Menschen in der Vergangenheit hegen. Wenn wir einem anderen Menschen nicht vergeben können, dann stellt dies auf einer tieferen Ebene ein Selbstkonzept dar, das wir in uns tragen. Das Verhalten der Menschen, denen wir nur schwer vergeben können, spiegelt unser eigenes Verhalten in der Vergangenheit wider. Entweder erkennen wir uns in dem anderen, oder aber wir haben diesen Teil von uns zurückgewiesen und kompensiert, indem wir uns genau entgegengesetzt verhalten. Es gibt zwei Möglichkeiten, um zu erkennen, wo wir kompensieren. Die erste Möglichkeit besteht darin, dass wir darauf achten, wo wir nur sehr wenig empfangen, obwohl wir hart arbeiten. Dies ist ein sicheres Zeichen dafür, dass wir etwas kompensieren. Die zweite Möglichkeit ist, dass es in unserem Umfeld jemanden gibt, der uns mit seinem Verhalten wirklich in den Wahnsinn treibt. Dies ist ein sicheres Zeichen dafür, dass wir auch einmal so waren und genau dieses Verhalten kompensieren, weil wir diesbezüglich noch immer Selbstkonzepte in uns tragen. Sehr wahrscheinlich haben wir diese Selbstkonzepte als Schattenfiguren verborgen. Möglicherweise haben wir Geschichten darüber vergraben, dass wir in einem früheren Leben selbst einmal so waren, oder wir haben diesen Anteil unseres Selbst als Kind fälschlicherweise verurteilt und verdrängt. Es kann sich sogar um ein Selbstkonzept handeln, das durch die Generationen unserer Familie unbewusst an uns weitergegeben wurde. Statt zu vergeben und das Selbstkonzept zu integrieren, haben wir es verurteilt und von uns selbst abgetrennt, so, als ob es nicht ein Teil von uns wäre. Mit diesem Wissen und in diesem Gewahrsein kann es nun zu einem Teil des Lernprozesses werden, der uns zum Erfolg führt.

Der einzige andere Grund, aus dem jemand uns in einer gegenwärtigen Situation zornig machen könnte, ist der, dass wir das Gefühl haben, von ihm zum Opfer gemacht zu werden. Auf einer tieferen Ebene bedeutet dies, dass wir ihn benutzen. Wir benutzen ihn, um uns selbst zurückzuhalten. Wir benutzen ihn, damit wir uns unserer Angst nicht stellen müssen, von der das Ego uns sagt, dass sie die Wahrheit sei. Wir benutzen ihn als Ausrede, um nicht den nächsten Schritt tun und eine unserer Gaben annehmen zu müssen, von der unser Ego schwört, dass sie gefährlich ist. Wir haben Angst vor uns selbst und vor unserer Aufgabe, und wir benutzen den anderen als Rechtfertigung, um nicht vorwärts gehen zu müssen. Dies ist die Fortsetzung des Musters, über das ich zu Beginn dieses Kapitels gesprochen habe und bei dem wir einen Menschen aus unserer Vergangenheit benutzt haben – der Zeit, in der die Wurzel des Problems ihren Ursprung hat. Meist benutzen wir diesen Menschen aus der Gegenwart und der Vergangenheit als Ausrede, um uns unserer Angst nicht stellen zu müssen. Die Bewertung anderer beginnt damit, dass wir uns selbst bewerten. Wir glauben tatsächlich, wir seien genau so wie der Mensch, den wir bewerten.

Zeichne für diese Übung eine Tabelle mit den folgenden vier Spalten:

Vergangenes Problem	Person, der ich nicht vergeben habe	Selbstkonzept, das ich haben muss	Welche Ausrede es mir liefert

Du hast nun eine ganz einfache Wahl. Wirst du vergeben? Die Tabelle kann dir die Anregung dazu liefern, indem sie dich verstehen lässt. Sobald du bereit bist, vollständig zu vergeben, wirst du verstehen, dass es in Wirklichkeit nichts zu vergeben gibt. Vergiss nicht, dass jemand nur dann in deinem Leben sein kann, wenn du diese Überzeugung in Bezug auf dich selbst hast. Deshalb lautet die Frage, die du dir stellen musst, um über die Vergangenheit hinwegzukommen, also: Wirst du sowohl dem Menschen vergeben, mit dem du in der Gegenwart ein Problem hast, als auch dem Menschen, mit dem in der Vergangenheit alles begonnen hat? Wirst du dir selbst vergeben oder weiter versuchen, verborgene Gefühle von Schuld und Unwürdigkeit durch Selbstbestrafung und Opfersein zu begleichen? Wirst du deine Projektionen aufgeben? Wirst du auch Gott vergeben und erkennen, dass du Ihm die Schuld an dem gegeben hast, was du selbst getan hast, um dich zurückzuhalten? Wenn du vergibst, bist du frei. Wenn du vergibst, sind alle anderen frei. Wenn du vergibst, heilst du die Angst, die dich daran hindert, den nächsten Schritt zu gehen.

Vergebung ist sowohl deine Aufgabe als auch das Mittel zu deiner persönlichen Aufgabe. Wirst du dich für sie entscheiden? Die Alternative ist, weiterhin einem anderen Menschen die Schuld zu geben, was nur dazu führen würde, dass du für die Menschen, die du liebst, oder für den Erfolg, der für dich bestimmt ist, nicht verfügbar bist.

LEKTION 76
Das Gefühl von Erfolg

Mit Erfolg geht ein bestimmtes Gefühl einher. Es ist ein Gefühl der Zuversicht, ein Gefühl, die Dinge richtig zu machen. Du fühlst dich deiner selbst sicher, erhoben und im Fluss des Lebens. Du bist eins mit dem Tao. Es gibt keine gegenwärtigen und auch keine vergangenen Widerstände, die diese Ausrichtung deines eigenen Willens auf den Willen Gottes behindern. Es gibt keine egoistische Befriedigungswut, sondern einfach nur das lebhafte Vibrieren, das du in dir trägst, wenn du im Einklang mit dir selbst und der Welt bist.

Geh zurück zu dem Zeitpunkt, an dem du zum letzten Mal wahren Erfolg gefühlt hast. Durchlebe ihn noch einmal. Wie hat er sich angefühlt? Nimm jede Nuance dieses Gefühls auf. Was hat dein Körper empfunden?

Geh nun zurück zu einer Zeit, in der du dich zum ersten Mal erfolgreich gefühlt hast. Wie war die Situation? Wie alt warst du? Wie hat es sich angefühlt? Hast du das erhebende Gefühl und das lebhafte Vibrieren gespürt? Was hat dein Körper empfunden? Bringe alle diese Empfindungen mit dir zurück in die Gegenwart. Verstärke das Gefühl. Welchen Unterschied gibt es zwischen den ersten und den letzten Erfolgsgefühlen, die du empfunden hast?

Geh nun zum größten Triumph deines Lebens. Wie hat er sich angefühlt? Hast du gestrahlt? Wie hat dieses Strahlen sich angefühlt? Ergründe jedes Gefühl und jede Empfindung, die sich für deine Erfahrung des Erfolgs anbieten. Richte einen Ordner in deinem Bewusstsein ein, in dem du deine Erfolgsgefühle und -empfindungen ablegen kannst. Meditiere über alle deine Erfolge. Lerne alle Gefühle und Empfindungen kennen, die deinen Erfolg umgeben. Lege, während du erfolgreicher wirst, alle Gefühle, die damit einhergehen, in diesem Ordner ab. Lerne das Gefühl des Erfolgs wirklich kennen, bis du es bewusst abrufen kannst, ehe du dich einer Herausforderung stellst. Du kannst diese Erfolgsgefühle abrufen, wenn du dich traurig oder wenig erfolgreich fühlst. Du kannst dir dieses Gefühl einprägen, und dein Körper kann das Wissen tief in sich tragen. Präge dir die Gefühle und Empfindungen ein und benutze sie, um die Gefühle des Erfolgs und das Verhalten, das zum Erfolg führt, zurückzubringen und auf diese Weise das Muster des Erfolgs in dir zu verstärken.

Wende diese Erfolgsgefühle heute auf eine Situation an, in der du dich befindest und die noch nicht ganz und gar erfolgreich ist.

LEKTION 77
Annehmen und Erfolg

Annehmen ist wichtig für den Erfolg. Was wir nicht annehmen, das bezwingt uns. Die Niederlage, die wir nicht annehmen, bleibt schmerzhaft, und die wichtige Lektion, die gebraucht wird, um die Niederlage zu korrigieren, bleibt ungelernt. Eine Niederlage, die in uns feststeckt, führt automatisch zu Vergeltung – zu dem Versuch, einen anderen Menschen oder uns selbst zu verletzen, um denjenigen anzugreifen, dem wir vorwerfen, uns verletzt zu haben. Wir glauben, dass er das tut, was in Wahrheit wir selbst tun, und deshalb greifen wir ihn entweder an oder bringen ihn als selbsterfüllende Prophezeiung dazu, uns anzugreifen. Dieses schmerzhafte Muster setzt sich so lange fort, bis wir uns entscheiden, die Heilung zu vollenden und die Lektion zu lernen. Leider überträgt diese Geisteshaltung sich auf alle Menschen, mit denen wir es zu tun haben.

Andere Verteidigungsstrategien funktionieren ebenfalls nicht. Wir versuchen es mit Dissoziation, um dem Schmerz Einhalt zu gebieten und zu verhindern, dass wir wieder verletzt werden. Das führt jedoch lediglich zu Kontrolle, Machtkampf und der Unfähigkeit zu empfangen. Die Verletzung hört dadurch nicht auf.

Annehmen lässt das zu, was ist. Alles andere führt zu Schmerz und Herzensbruch. Annehmen lässt uns im Fluss sein, während Widerstand jeglichen Fortschritt verhindert. Annehmen bewirkt, dass wir auf natürliche Weise loslassen. Dadurch wird das, womit wir es zu tun haben, in ein neues Licht gerückt, sodass es uns nicht zum Stillstand bringt, sondern uns stärker werden lässt. Wir lernen die Lektion. Wir korrigieren unsere Fehler. Annehmen verleiht uns Kraft. Wir müssen das, was wir annehmen, nicht mögen, aber wir lassen uns davon auch nicht aufhalten. Unser Widerstand ist nicht länger die Wurzel eines anhaltenden Musters der Niederlage.

Betrachte dein heutiges Leben. Was willst du nicht annehmen? Was in deinem Leben schmerzt dich noch immer? Was in deinem Leben fühlt sich noch immer wie eine Niederlage an?

Nimm dir heute Zeit, um zurückzugehen und diese Ereignisse und das Verhalten der daran beteiligten Menschen anzunehmen. Geh zurück und nimm deine Eltern und ihr Verhalten an. Nimm vergangene berufliche Niederlagen, die Menschen, die an ihnen beteiligt waren, und ihr Verhalten an. Nimm vergangene Herzensbrüche, die Menschen, die an ihnen beteiligt waren, und ihr Verhalten an.

Annehmen bewirkt, dass heute ein neuer Beginn und neuer Fluss in deinem Leben möglich werden.

LEKTION 78
Erfolg annehmen

Um erfolgreich sein zu können, ist es von großer Wichtigkeit, dass wir den Erfolg annehmen. Du denkst vielleicht: „Natürlich nehme ich den Erfolg an. Weshalb sollte ich nicht?" Wir wollen die Sache jedoch einmal etwas näher betrachten. Bei diesem Prinzip geht es darum, dass der Erfolg, den wir empfangen und erfahren, der Erfolg ist, den wir angenommen haben. Denke einmal einen Augenblick lang darüber nach, wie viel Erfolg du hast. Es ist das Maß an Erfolg, das du annimmst. Stell dir die Frage: Wie viel Erfolg nehme ich an?

Darüber hinaus solltest du erkennen, dass du immer dann, wenn du etwas nicht annimmst, automatisch den Erfolg nicht annimmst. Das bedeutet, dass, wenn du dich irgendeiner Sache widersetzt, du dich dem Erfolg widersetzt und den Fluss zum Stillstand bringst. Anpassung an einen Menschen oder eine Situation ist kein Annehmen – es ist ein Kompromiss. Annehmen erzeugt Fluss, wohingegen ein Kompromiss zu Aufopferung führt. Er ist Anpassung, die eine Form von Resignation ist. Die Kommunikation ist nicht vollständig. Keine Brücke wurde gebaut, und es gibt keine Lösung. Weder Resignation noch Aufopferung sind erfolgreich. Sie zeigen etwas, das du nicht angenommen, sondern vielmehr verurteilt und zurückgewiesen hast. Resignation heißt, dass du die Hoffnung auf Erfolg aufgibst, und Aufopferung heißt, dass du dich in eine einseitige Position begibst, indem du dir eine Bürde auf die Schultern lädst. Du hast dir nicht gestattet, die Lösung zu empfangen. Eine Lösung, die dein Ego vorschlägt, führt stets dazu, dass jemand ein Opfer bringt. Eine Lösung, die dein höheres Bewusstsein vorschlägt, befreit alle, die an der Situation beteiligt sind, während Aufopferung dort als ein Muster beginnt, wo du dir untreu bist in dem Versuch, etwas zu erzwingen. Viele Menschen versuchen ihren Erfolg in einer Weise aufzubauen, die sie ihr wahres Selbst kostet. Aufopferung und Anpassung sind häufige Strategien unseres Egos, durch die wir uns selbst verlieren und unser Ego aufbauen.

Wir wollen einmal das folgende Prinzip betrachten: „Wir empfangen das, was wir annehmen."

Wie viel Erfolg wir annehmen, erkennen wir daran, wie viel Erfolg wir empfangen. Wenn unser Erfolg nicht so ist, wie wir ihn gerne hätten, dann sollten wir uns die Frage stellen: „Warum sollte ich den Erfolg nicht annehmen wollen?"

Nimm dir ein wenig Zeit, um über die Antworten nachzudenken, die dir in den Sinn kommen. Untersuche diese Überlegungen aus einem Blickwinkel der Vernunft. Könnte Erfolg möglicherweise Erfolg sein, wenn deine Überlegungen nicht als Teil des Erfolgs behandelt oder betrachtet würden?

Du glaubst zum Beispiel vielleicht, dass du deine Privatsphäre verlieren würdest, wenn du wirklich erfolgreich wärest, aber Erfolg wäre für dich kein Erfolg, wenn er nicht auch eine Privatsphäre einschließen würde.

Wenn du den Erfolg einfach Erfolg und nichts Geringeres sein lässt, dann wirst du deine ängstlichen Überlegungen in deine Vorstellung von Erfolg integrieren. Die Energie dieser Überlegungen wird ihn zu einem Ganzen werden lassen.

Bist du bereit, den Erfolg nun anzunehmen?

Wie sehr?

Mache die Worte „Ich nehme Erfolg an" heute zu deinen Worten der Kraft. Sprich sie mindestens einmal pro Stunde von ganzem Herzen aus.

LEKTION 79
Die Falle des Märtyrertums

In unserem Leben kann es Zeiten geben, in denen wir versuchen, einen anderen Menschen zu retten, und wir sind bereit, uns selbst dafür zu opfern. Das ist kein kleines Problem. Bei meiner Arbeit mit Menschen, die an wirklich schweren Krankheiten litten, habe ich festgestellt, dass es in einigen Fällen tatsächlich zutraf. Es ist ein Muster, das mit unserer Familie begonnen hat. Wir haben uns zum Opfer oder zum Märtyrer gemacht, weil wir hofften, ein Familienmitglied oder die gesamte Familie zu retten. Dies hat in der Kindheit zu Krankheit, Verletzung, Abweisung, Belästigung und physischem Missbrauch geführt. Es war einer von zwei Schlüsselfaktoren, die dazu beigetragen haben, dass ich als Jugendlicher in ein Priesterseminar eintrat: Ich opferte mich, weil ich meine Familie retten wollte. Wie fast immer in solchen Fällen hatte ich diese Tatsache verdrängt, und mein bewusster Wunsch, Menschen zu helfen, war der einzige Beweggrund, den ich wahrnahm.

Gewahrsein lässt uns erkennen, dass Aufopferung und Märtyrertum sinnlos sind. Alles, was durch Aufopferung erreicht wird, kann ebenso durch Gnade erreicht werden. Überall dort, wo wir uns in Aufopferung und Märtyrertum befinden, vergeuden wir nicht nur Zeit, Mühe und Geld, sondern auch, was noch wichtiger ist, uns selbst. Aufopferung und Märtyrertum sind dem Erfolg ein Gräuel.

Stell dir deshalb heute die Frage: Gibt es jemanden oder etwas, für den oder das du dich aufopferst? Frage dich, ob der Versuch funktioniert hat. Frage dich, ob es einen einfacheren Weg gibt, das umzusetzen, was du tust, um einem anderen Menschen zu helfen. Dazu kannst du dich des unmittelbaren Gewahrseins deiner Intuition bedienen oder in einem stillen Moment bei diesen Gedanken verweilen.

Aufopferung und Märtyrertum sind ziemlich weit verbreitet. Fast jeder von uns hat in irgendeiner Form damit zu tun. Sie zu heilen kann dir sehr viel unnötige Mühe sparen. Sie zu korrigieren kann zum Erfolg führen. Wofür entscheidest du dich?,

LEKTION 80
Selbstangriff heilen

Das größte Problem, vor dem wir alle stehen, ist Selbstangriff. An der Wurzel all unserer Probleme liegt Selbstangriff. Aller Mangel, jede Krankheit und alle Rückschläge und Misserfolge rühren von unserem Selbstangriff her. *Ein Kurs in Wundern* sagt, wenn wir uns gestatten würden, das volle Ausmaß dessen zu kennen, was wir von uns selbst glauben, dann würden wir uns von einer Klippe stürzen. Die gute Nachricht ist, dass all die negativen Überzeugungen, die wir von uns selbst haben, einfach nicht die Wahrheit sind. Die Wahrheit über uns selbst zu erkennen wird uns befreien.

Bei meiner Arbeit habe ich über die Jahre festgestellt, dass die meisten von uns sich wie gute, nette, aber nur halb lebendige Menschen benehmen. Dieser Zustand wird durch die Rollen erzeugt, die wir einnehmen, um Schuldgefühle, Versagen und unsere Schattenfiguren zu verbergen. Schattenfiguren sind negative Selbstkonzepte, die wir von unserem Bewusstsein abgespalten haben.

In meinen Anfangsjahren als Therapeut habe ich Menschen geholfen, die Illusion der Schuld durch volles Verständnis für die Situation loszulassen. Wenn sie verstanden, was wirklich geschah, wurde Vergebung überflüssig, weil sie die Wahrheit der Situation erkannten. Es half ihnen, ihren Schmerz als Fehler zu erkennen. Durch viele Situationen wie diese habe ich die Wahrheit unserer Unschuld erkannt.

1975 habe ich gesagt: „Wir alle tun das Beste, das wir unter den gegebenen inneren und äußeren Umständen tun können, aber wir alle sind zu Besserem fähig."

Als meine Forschungsarbeit und mein Verständnis sich vertieften, durchstreifte ich die niederen Regionen der Familienmuster und des Unbewussten und wurde Zeuge des hohen Maßes an

Selbstangriff und Selbsthass, das jeder Mensch in sich trägt. Ich sah aber auch, dass alles geheilt werden konnte. Es konnte alles geheilt werden, weil es ein Missverständnis und ganz einfach eine Lüge war. Sobald die Heilung geschah und die Dunkelheit befreit wurde, wurde der Erfolg auf natürliche Weise größer. Die Wahrheit ist auf deiner Seite. In deinem tiefsten Inneren bist du erfolgreich. Der Rest ist unwahrer psychologischer Schutt – Selbstangriff, der uns zurückhält.

Sei dir heute bewusst, wie sehr du dich selbst angreifst. Das stärkt nur dein Ego, und es ist einfach nicht wahr. Betrachte heute jedes schlechte Gefühl, und betrachte es nicht nur als ein schlechtes Gefühl, sondern auch als eine Form von Selbstangriff. Wenn du den Selbstangriff loslässt, dann lässt du alle Angriffe los und gelangst mühelos durch alle Emotionen hindurch, die du gerade durchmachst.

Prüfe jedes Problem, das du erfährst. Wenn du den Selbstangriff mit Hilfe deines höheren Bewusstseins beseitigst, löst das Problem sich allmählich auf.

Betrachte einen Rückschlag, den du in der Vergangenheit erlitten hast. Beseitige den Selbstangriff und du wirst lediglich eine Lernsituation vorfinden, die frei von Schmerz oder Dunkelheit ist.

LEKTION 81
Du allein kannst dafür sorgen, dass du erfolgreich bist

Du allein kannst dir die Erlaubnis geben, erfolgreich zu sein. Du allein kannst dafür sorgen, dass du erfolgreich bist. Es mag so scheinen, als ob es andere Menschen sind, die dich erfolgreich machen. Die Wahrheit ist jedoch, dass sie ihren Erfolg mit dir teilen, der dann mit deinem eigenen Erfolg in Resonanz geht und ihn erwachen lässt. Du allein bist es auch, der dich verletzen, dir Probleme bereiten oder dich scheitern lassen kann. Um das zu erkennen, brauchen wir nur das zu betrachten, was wir bislang von unserem Unterbewusstsein und Unbewussten ergründet haben.

Das Ego hat viele Tagesordnungen, und unser persönlicher Erfolg steht auf dieser Liste nur dann an erster Stelle, wenn er in die Pläne des Egos passt, sich selbst immer stärker zu machen. Ausgenommen dort, wo unser Ego die Vorherrschaft gewinnen oder etwas Besonderes sein kann, haben wir sein mangelndes Interesse am Erfolg verdrängt. Es lässt uns in Unkenntnis darüber, dass sein Interesse auch im Misserfolg liegt, weil es diesen als Mittel nutzen kann, um sich noch stärker festzusetzen. Es bietet uns Lösungen für unsere Probleme an, die nicht funktionieren, sondern nur zu zukünftigen Problemen führen. Unser Ego besteht aus allem, was uns trennt. Dazu gehören beispielsweise alle schmerzlichen Emotionen, der Versuch, etwas zu beweisen, oder Konkurrenzkampf in dem Versuch, zu den Gewinnern zu gehören. Mit Hilfe des Egos können wir nur einen Teil unserer Probleme und Ängste bewältigen, denn es braucht diese, um existieren zu können. Das Ego stellt sich gegen Zärtlichkeit, Freude, Gnade und die natürliche Kraft des Bewusstseins. Das Ego basiert auf Widerstand.

Stell dir vor, dass du es bist, der hinter deinem Mangel an Erfolg steht. Schreibe im Bewusstseinsstrom eine halbe Seite darüber, warum du dir keinen Erfolg zugestehst. Schreibe so schnell wie nur möglich und schau dir dann an, was du dazu geschrieben hast, dass und warum du dich am Erfolgreichsein hinderst. Was es auch ist, du hast an dieser Stelle den Weg des Egos gewählt, anstatt dich für dein höheres Bewusstsein und wahren Erfolg zu entscheiden. Konnte dies wirklich eine wahre Entscheidung sein? Du könntest den Weg des Egos zugunsten der Wahrheit deiner Entscheidung für den Erfolg loslassen.

LEKTION 82
Wenn du ein Problem siehst, dann ist es dein Problem

Dies ist ein einfaches Erfolgsprinzip, das ich vor vielen Jahren gelernt habe. Es hat mir geholfen, Lektionen der Verantwortung und des Eingehens auf andere zu lernen, die Schlüsselelemente des Erfolgs sind. Das Prinzip ist ganz einfach: Wenn wir ein Problem sehen, dann ist es unser Problem, und wir sind aufgerufen, etwas dagegen zu tun. Das heißt, dass wir das Problem entweder selbst klären oder diese Aufgabe jemand anderem übertragen müssen. Wenn die Arbeit daran andere, bedeutendere Prioritäten verzögern würde oder wenn es zu groß ist, als dass wir es allein bewältigen könnten, dann sind wir aufgerufen, mit anderen Menschen zu kommunizieren, ihre Unterstützung zu gewinnen oder uns in einem Team mit ihnen zusammenzuschließen, um zur Lösung des Problems beizutragen. Dieses Prinzip hilft uns dabei, Probleme anzugehen, statt sie zu ignorieren. Wenn wir ein Problem sehen, dann sind wir es, die aufgerufen sind, etwas dagegen zu tun.

Im Laufe der Jahre haben viele Leute vorgeschlagen oder gar gefordert, dass ich meiner langen Liste bestehender Projekte noch das eine oder andere zusätzliche Projekt hinzufügen sollte. Wenn ich mich auf das einstimme, was ich ihrem Vorschlag zufolge tun soll, dann stelle ich meist fest, dass keinerlei Energie dafür vorhanden ist, es als eines meiner Projekte anzunehmen. In diesem Fall nehme ich mir ein wenig Zeit, um den betreffenden Menschen ihre Inspiration zurückzugeben und ihnen zu sagen, dass nicht ich, sondern sie selber dazu aufgerufen sind, darauf zu reagieren. Was ich ihnen sage, führt meistens dazu, dass sie mich mit einem kummervollen Ausdruck im Gesicht ansehen, der sagen will: „Kann ich das denn wirklich schaffen?" Meine Antwort darauf lautet dann immer: Natürlich können sie es schaffen, wenn sie auf diese Weise inspiriert sind.

Dieses Prinzip, ein Problem als unser eigenes Problem anzuerkennen, findet auf der einfachsten Stufe statt, wie etwa Unordnung im Haus zu beseitigen, und reicht bis zu Angelegenheiten auf Weltebene wie Krieg, Armut und Hunger. Unser Geben hilft uns. Unser Manifestieren von Lösungen hilft uns. Unsere Gebete helfen uns. Das in unserem Bewusstsein zu heilen, was die Welt um uns herum reflektiert, hilft sowohl uns als auch der Welt. Unsere guten Taten tragen zum Wohl bei.

Wenn du eine Aufgabe siehst, dann ist es deine Aufgabe, aber der Himmel wird dir helfen. Wenn es eine große Aufgabe ist, dann sind wahrscheinlich sowohl Alltagsengel als auch Engel der geflügelten Art da, um dir zu helfen. Wenn du inspiriert bist, etwas zu tun, dann wird deine Inspiration anderen helfen. Es gibt so viel zu tun. Sei bereit, das zu tun, wozu du aufgerufen und inspiriert bist, dann wird die Inspiration es für dich tun und zugleich zu einem natürlichen Teil deines Lebens werden. Wende dich nicht von etwas ab, das zu tun du aufgerufen bist, und leugne es nicht. Deine Inspiration wird dir Auftrieb geben und jede Aufgabe leicht machen.

LEKTION 83
Nur du selbst kannst dich verletzen

Wenn du die Lektion, dass nur du selbst dich verletzen kannst, einmal gelernt hast, wird sie zu einem machtvollen Prinzip des Erfolgs. Nur du selbst kannst dich verletzen, und nur du selbst kannst dich zurückhalten. Natürlich betreten wir damit das Reich des Unterbewusstseins, da wir bewusst niemals die Entscheidung treffen würden, uns selbst etwas Negatives anzutun. Unterbewusst gibt es Konflikte, Selbstangriff, Schuldgefühle, Selbstverletzung aus Rache an anderen und alle möglichen Ängste. Wir wollen dieses Prinzip, dass nur wir selbst uns verletzen können, anhand eines Problems, mit dem wir es gerade zu tun haben, und anhand eines Problems aus unserer Vergangenheit einmal näher untersuchen.

Stell dir einfach die folgenden Fragen, und vertraue auf die Antworten, die dir in den Sinn kommen:

Gegenwärtiges Problem

Welchem Zweck dient dieses Problem im Hier und Jetzt?
Warum greife ich mich in dieser Weise an?
Was versuche ich zu bekommen?
Auf welche Weise benutze ich dieses Problem, um mich selbst zu kontrollieren?
Auf welche Weise benutze ich es, um andere zu kontrollieren?
Wen versuche ich zu bezwingen, indem ich dieses Problem habe?
Gegen welche Gabe wehre ich mich, indem ich dieses Problem habe? Welche Schuld versuche ich zu bezahlen?
Auf welche Weise benutze ich dieses Problem, um mich selbst klein zu halten?

Welche Angst versuche ich zu schützen?

Was versuche ich zu beweisen, indem ich dieses Problem habe?

An was oder wem halte ich fest, indem ich dieses Problem habe?

Worin kann ich auch weiterhin schwelgen, indem ich dieses Problem habe?

Welche Ausrede gibt mir die Tatsache, dass ich dieses Problem habe?

Warum greife ich mich in dieser Weise an?

Auf welche Weise benutze ich dieses Problem, um gegen Gott zu kämpfen?

Stell dir dieselben Fragen nun im Hinblick auf ein Problem, unter dem du in der Vergangenheit gelitten hast:

Vergangenes Problem

Welchem Zweck hat dieses Problem damals gedient?

Auf welche Weise benutze ich es jetzt?

Warum habe ich mich in dieser Weise angegriffen?

Was wollte ich bekommen?

Auf welche Weise habe ich das Problem benutzt, um mich selbst zu kontrollieren?

Auf welche Weise habe ich es benutzt, um andere zu kontrollieren?

Wen wollte ich bezwingen, indem ich dieses Problem hatte?

Gegen welche Gabe habe ich mich gewehrt, indem ich dieses Problem hatte?

Welche Schuld wollte ich bezahlen?

Auf welche Weise habe ich das Problem benutzt, um mich selbst klein zu halten?

Welche Angst wollte ich schützen?

Was wollte ich beweisen, indem ich dieses Problem hatte?

An was oder wem habe ich festgehalten, indem ich dieses Problem hatte?

Worin konnte ich auch weiterhin schwelgen, indem ich dieses Problem hatte?

Welche Ausrede hat die Tatsache, dass ich das Problem hatte, mir in der Vergangenheit gegeben?

Warum habe ich mich in dieser Weise angegriffen?

Auf welche Weise habe ich das Problem benutzt, um gegen Gott zu kämpfen?

Die meisten dieser Beweggründe waren nicht erfolgreich, weil sie nicht zu Erfolg oder zu Glück geführt haben. Bring die unterbewussten Beweggründe, die du in dieser Übung entdeckt hast, nun in dein Bewusstsein und triff wahrere Entscheidungen für dich selbst. Wofür entscheidest du dich jetzt, sowohl im Hinblick auf das Hier und Jetzt als auch im Hinblick auf die Vergangenheit?

LEKTION 84
Trägheit im Geschäft

Wenn wir in unserem Geschäft, unserem Beruf oder unserer Beziehung alles richtig machen, aber dennoch scheinbar nichts funktioniert, dann kann das äußerst verwirrend sein. Wir haben alles getan, was wichtig und notwendig war, um Erfolg herbeizuführen, aber es geht nicht voran. Wir scheinen in einer Flaute zu stecken, und unser Schiff läuft nicht in den Hafen ein. Wir arbeiten hart, aber nichts funktioniert wirklich gut. Wenn wir viel Energie verbrauchen, um zu bleiben, wo wir sind, ohne voranzukommen, dann ist es offenkundig, dass wir durch unsere Angst zurückgehalten werden, auch wenn es nicht den Anschein hat.

Angst lähmt uns. Sie lässt unsere Kraft dahinschmelzen, und es ist, als gäbe es in uns irgendwo ein Leck. Sie bleibt unter Machtkämpfen, Rollen, dem Ödipus-Komplex und Konkurrenzdenken verborgen. Angst bewirkt, dass unser Ziel immer gleich weit von uns entfernt bleibt oder sogar noch weiter in die Ferne rückt, während wir es zu erreichen versuchen.

Manchmal geschieht etwas in unserem Leben, und es will uns nicht gelingen, die Angst davor zu überwinden. Wir tragen ein post-traumatisches Belastungssyndrom mit uns herum, mit dem wir klarkommen, weil wir es auf eine beherrschbare Stufe gebracht haben. Weil wir uns aber niemals wirklich mit seiner Wurzel auseinandergesetzt haben, bleibt die Angst ein Teil unseres Lebens, auch wenn sie uns fühlbar womöglich gar nicht bewusst ist.

Wir wollen die Wurzel dieser Angst nun auflösen. Stell dir die folgenden Fragen und vertraue auf die Antworten, die dir in den Sinn kommen:

Wenn ich wüsste, wie alt ich war, als der Vorfall stattfand, der meine größte Angst hervorgerufen hat, dann war es wahrscheinlich im Alter von…

Wenn ich wüsste, wer daran beteiligt war, dann war es wahrscheinlich…

Wenn ich wüsste, was geschehen ist, dann war es wahrscheinlich so etwas wie…

Nun frage dich:

Wenn ich wüsste, auf welche Weise dieses Ereignis mein Leben seitdem beeinflusst hat, dann so, dass es…

Geh nun noch einmal zu dem Vorfall zurück und bitte dein höheres Bewusstsein darum, dich und alle anderen, die daran beteiligt waren, in eure Mitte zurückzuführen, an einen Ort des Friedens und der Unschuld. Beobachte, wie dein Bild und dein Gefühl von dieser Erfahrung sich dadurch verändern.

Bitte dein höheres Bewusstsein nun darum, dich in eine höhere und tiefere Mitte zurückzuführen.

Wie sieht die Szene jetzt aus, und wie fühlt sie sich an?

Bitte dein höheres Bewusstsein erneut, dich in eine dritte Mitte zurückzuführen, in eine Mitte von noch größerem Licht und noch größerer Gnade.

Geh in Gedanken noch einmal zu der Szene zurück. Wie sieht sie jetzt aus, und wie fühlt sie sich an?

Bitte dein höheres Bewusstsein erneut, dich in eine vierte Mitte zurückzuführen, die noch höher und noch tiefer ist, an einen Ort noch größerer Liebe und noch größerer Freude.

Wie sieht die Szene jetzt aus, und wie fühlt sie sich an?

Du kannst dich von deinem Bewusstsein so oft in eine höhere Mitte zurückführen lassen, wie es notwendig ist, um die gesamte Situation in eine Situation der Freude oder sogar des Lichts zu verwandeln. Wenn du dies sehr oft wiederholen musst, um an einen Ort des Friedens zu gelangen, dann liegt es daran, dass ein früheres Ereignis in deinem Leben oder auf einer Ahnen- oder Seelenebene in diesen bestimmten Vorfall hineinspielt. Wenn du mit dem Ereignis, an dem du gerade arbeitest, immer wieder zur Mitte zurückkehrst, dann wirkt dies sich auch auf das frühere Ereignis aus. Du kannst mit Hilfe deiner Intuition aber auch zu dem noch früheren Ereignis zurückkehren, um es mit denselben Fragen und mit diesem Prozess der Zentrierung zu klären.

Führe diese Übung in den nächsten drei Tagen mindestens einmal pro Tag durch, um alle Ereignisse zu transformieren, die dir in den Sinn kommen, und zu einem Gefühl des Friedens und einer neuen Stufe der Zuversicht zu gelangen. Das wird dich aus der Flaute herausbringen und deine Segel mit frischem Wind füllen.

LEKTION 85
Erfolg rührt von guten Beziehungen her

Erfolg rührt von guten Beziehungen her. Alle Beziehungen spiegeln einander wider, beginnend mit deiner Beziehung zu dir selbst, deiner Beziehung zu anderen Menschen und deiner Beziehung zu Gott. Das Maß, in dem du mit anderen Menschen verbunden bist, entspricht dem Maß, in dem du mit dir selbst verbunden bist. Es ist auch das Maß an Liebe und Erfolg, das dir mühelos zuteil wird. Andererseits hast du dort Probleme, wo du Groll hegst. Wo in deiner Herkunftsfamilie Groll herrscht, dort erfährst du anhaltende Probleme, die sich auf alle Bereiche deines Lebens auswirken. Du magst diese Muster unter Rollen und Kompensationen verborgen haben, aber deine Fähigkeit, zu empfangen, behindern sie dennoch. Diese Art der Kompensation kann dich dazu drängen, im Beruf oder in geschäftlichen Dingen erfolgreich zu sein und im Hinblick auf das Glücklichsein dennoch in Armut zu leben.

Ich habe eine Coaching-Sitzung mit einem Mann aus Malaysia durchgeführt, der in finanzieller Hinsicht sehr, sehr reich war. Seine Gewinner-Verlierer-Mentalität ließ ihn in geschäftlicher Hinsicht schon beinahe zu einem Piraten werden. In privater Hinsicht konnte er nicht verstehen, warum seine Frau und seine Kinder ihn verlassen hatten und in ein eigenes Haus gezogen waren. Seine Abwehrmechanismen und das Maß seiner Verleugnung waren nahezu unüberwindlich. Während unserer Sitzung verlangte er von mir, ihm dahingehend zuzustimmen, dass auf ihn als Ehemann und Vater alle zu hören hätten. Sein Geschäftssinn war stark ausgeprägt, aber ein Gewahrsein für sein Leben, seine Beziehungen und seine Seele war kaum vorhanden. Seine Vorstellung von einem guten Leben bestand darin, zu gewinnen und zu nehmen, und er konnte nicht verstehen, warum seine Familie ihm aus dem Weg ging.

Gute Beziehungen bewirken ein Gleichgewicht, sodass Erfolg in allen Bereichen möglich ist. Die Freude, die durch Geben, Verbindung, Liebe und Kreativität entsteht, ist die Freude, die von unseren Beziehungen herrührt. Was wir in Beziehungen geben, das geben wir uns selbst. Unsere vergangenen und gegenwärtigen Beziehungen spiegeln unseren Erfolg in unserer Beziehung zu uns selbst wider. Was wir anderen antun oder angetan haben, das tun wir uns selbst und allen anderen Beziehungen an. Was wir über andere denken, das denken wir über uns selbst. Alle unsere Beziehungen, auch die zu uns selbst, spiegeln unsere Beziehung zur Gnade und zu Gott wider. Unsere Beziehung zu Gott ist unsere Beziehung zu Liebe, Kreativität, Kraft, Fülle und Glück. Sie kann noch besser werden, auch dann, wenn sie sich bereits auf einer hohen Stufe bewegt.

Der Zweck dieser Existenz besteht zu einem großen Teil darin, zu lernen und heil zu werden. Wir sind hier, damit unser Bewusstsein und unsere Freude wachsen können. Wir alle sind gekommen mit dem Ziel, erfolgreich zu sein. Dieses Ziel verwirklichen wir am leichtesten mit Hilfe von und durch jede unserer Beziehungen. In dem Maße, in dem wir unsere Beziehungen heilen, können wir auch Probleme und Situationen in unserem Umfeld transformieren. Dies ist die Kraft, die Beziehungen haben, um eine Veränderung zu bewirken.

Halt einen Augenblick inne und lass zu, dass dir die wichtigste Beziehung in den Sinn kommt, in der du geben oder vergeben musst. Wer ist der betreffende Mensch? Was bist du aufgefordert zu tun, das euch beide im höchstmöglichen Umfang auf eine neue Stufe heben könnte? Nimm dir heute Zeit, um dies für deinen Erfolg zu tun. Was bist du in deiner Beziehung heute aufgefordert zu tun, um Erfolg für dich selbst und für dein Leben zu erreichen?

LEKTION 86
Klagen

Klagen ist das Gegenteil von Erfolg. Wenn wir uns beklagen, dann machen wir all die Fehler, die uns daran hindern, Zuversicht zu empfinden und erfolgreich zu werden. Klagen sind eine Form von Selbstangriff. Sie sagen uns, dass wir Opfer sind und dass wir nicht die Kraft haben, etwas zu verändern. In Wahrheit sind Klagen eine Form von emotionaler Erpressung, und selbst dann, wenn jemand, der uns nahesteht, auf unsere Klagen reagiert, trägt dies nicht dazu bei, unsere Zuversicht oder das Gefühl, geliebt zu werden, zu stärken. Klagen schwächt unsere Position. Es nutzt eine mehr oder weniger versteckte Form der Kontrolle, die zu Machtkampf führt.

Klagen ist das Gegenteil von Einfallsreichtum. Es geht jeder Kommunikation aus dem Weg. Es bittet nicht, sondern fordert. Wenn wir klagen, dann sind wir verbittert über diejenigen, die scheinbar mehr haben, unsere Bedürfnisse aber nicht erfüllen. Wir sind der Meinung, dass die Quelle unseres Glücklichseins und die Lösung unserer Probleme außerhalb unserer selbst liegen, und damit berauben wir uns unserer Kraft. Selbst wenn unsere Bedürfnisse erfüllt werden, nähren wir in der Regel ein verborgenes Gefühl der Bitterkeit gegenüber demjenigen, von dem wir glauben, er halte sich für so hochstehend und mächtig, dass er uns helfen kann. Klagen rührt also entweder daher, dass unsere Bedürfnisse nicht erfüllt werden, oder aber daher, dass wir meinen, unter einem anderen Menschen zu stehen und ihm zu Dank verpflichtet zu sein.

Ergründe einmal, auf welcher Stufe des Klagens du in deinem Leben stehst. Bist du Weltklasse im Klagen, oder tust du, was du kannst, um die Situationen in Ordnung zu bringen, die in Ordnung gebracht werden müssen? In dem Maße, in dem du klagst, bist du ein Teil des Problems und von anderen abhängig, um das in Ordnung zu bringen, was letztlich du selbst in Ordnung bringen musst. Klagen ist ein Zeichen von Abhängigkeit, was wiederum auf ungelöste Muster hinweist, die bis in unsere Kindheit zurückreichen. Es ist eine Form von Angriff und hebt unseren Groll und unser Maß an Selbstsabotage hervor.

Heute ist ein Tag, um einmal ganz ehrlich zu beurteilen, wie sehr du dich in deinem Leben beklagst. Wie sehr beklagst du dich durch Körpersprache oder Krankheit? Willst du dich selbst und andere Menschen weiterhin mit deinen Klagen angreifen, oder wärest du bereit zu lernen, wie du kommunizieren und innere wie auch äußere Transformation bewirken kannst, indem du effektive Schritte gehst? In gewisser Weise klagst du immer, ob laut oder in Gedanken, und zwar völlig unabhängig davon, in welchem Umfang du Verantwortung übernimmst. Dies steht dir dort im Weg, wo du helfen könntest, statt ein Hemmnis zu sein. Du könntest lernen, was erforderlich ist, um verantwortungsvoll und erfolgreich zu sein. Der Weg des Klagens ist ein Weg des Egos. Es ist eine Sackgasse, die damit endet, dass sogar unser Tod zu einer Form der Klage wird. Es ist am besten, dich dem kreativeren Weg deines höheren Bewusstseins zu verpflichten, erfolgreichen Einfallsreichtum zu lernen und das Klagen aufzugeben. Klagen weist auf einen Mangel an Reife und auf eine falsche Geisteshaltung hin. Der Weg des höheren Bewusstseins ist dagegen ein Weg der Lenkung und des Eingehens auf andere.

LEKTION 87
Anstrengung und Erfolg

Khalil Gibran sagt: „Arbeit ist sichtbar gewordene Liebe." Geben ist eine Form von Liebe, und wo wir bei unserer Arbeit wahrhaft geben, dort geben wir Liebe. Zu Beginn eines Projekts trägt harte Arbeit zu unserem Erfolg bei. Unser Fleiß trägt zu unserem Erfolg bei, wenn wir jung und zu lernen bemüht sind, was notwendig ist, um erfolgreich zu sein. Auf unserem weiteren Weg ist es jedoch nicht unsere harte Arbeit, die uns den Erfolg bringt. Tatsächlich ist es so, dass harte Arbeit kontraproduktiv wird, und oftmals sorgt sie auf unserem weiteren Weg dafür, dass wir dem ausweichen, was notwendig ist, um ein Projekt zu einem Erfolg zu machen.

Harte Arbeit ist eine der ersten Rollen, die wir annehmen. Sie kompensiert Schuld und das Gefühl, dass wir in unserer Familie versagt haben. Natürlich arbeiten wir lieber hart, als uns diesen Gefühlen zu stellen. Dennoch benutzt unser Ego diese Gefühle, um Angst vor Veränderung, Nähe und Erfolg zu verbreiten. Betrachten wir die harte Arbeit einmal ein wenig näher: Nehmen wir beispielsweise an, wir wollen umziehen. Wenn wir umziehen, dann bedeutet das viel Arbeit, weil alles eingepackt und wieder ausgepackt werden muss. Nachdem wir uns eingelebt haben, möchten wir womöglich noch einige weitere Verbesserungen vornehmen. Es kommt jedoch ein Punkt, an dem wir, wenn wir nicht aufhören, daran zu arbeiten, das aus dem Blick verlieren, was ein Haus zu einem Zuhause werden lässt, nämlich das Genießen der Beziehungen, die in diesem Zuhause gelebt werden. Wenn wir unsere Arbeit aber dazu benutzen, um Beziehungen aus dem Weg zu gehen, dann betrügen wir uns selbst um die Freude, die zu unserer Verfügung steht.

In der zweiten Phase des Projekts sind es unsere Verbundenheit und Bereitschaft, uns zu verändern und voranzugehen, die den weiteren Erfolg bringen. Unser Vertrauen, das letztlich unsere Verbundenheit mit uns selbst ist, lässt die Zuversicht entstehen, die zum Erfolg führt.

Es lässt sich leicht feststellen, ob deine Anstrengungen eine Form von Vermeidung sind. Das Maß an Eintönigkeit, Erschöpfung und Gefühlen des Feststeckens, das du in deinem Leben erfährst, zeigt dir, wie viel von deiner harten Arbeit tatsächlich eine Form von Vermeidung ist. Nur du besitzt die Fähigkeit, diese harte Arbeit in deinem Leben aus Vermeidung in wahre Schöpferkraft zu verwandeln. Unter all den negativen Emotionen, die harte Arbeit verbergen kann, liegt Angst. Du wirst vorankommen, wenn du bereit bist, Partnerschaft, Teamarbeit und Erfolg einen höheren Wert beizumessen als deiner Angst. Wenn du deine Angst vor Nähe und Kreativität aufgibst, dann wirst du Fülle und Freude erfahren. Wenn du die Angst loslässt, wirst du die Gaben und die Mühelosigkeit finden, die mit wahrer Führungsstärke einhergehen. Du allein kannst dich deiner Angst stellen und dein Leben mit einer Fülle an Erfolg neu definieren.

Gib deine Anstrengung und deine Arbeit so, wie du deine Liebe geben würdest. Es gibt so viel zu tun, um zum Aufbau der Welt beizutragen. Du kannst es mit Freude tun. Beraube dich nicht des guten Gefühls und des Erfolgs deiner Anstrengungen, indem du harte Arbeit als Abwehrmechanismus benutzt. Stell dich heute deiner Angst. Erkenne, dass sie eine Illusion ist, und erhebe Anspruch auf die Befriedigung und die Belohnung, die deine Arbeit mit sich bringt.

LEKTION 88
Die Phasen des Klagens

Klagen sind eine Kombination aus Bedürfnissen und Werturteilen, die von Verlust beziehungsweise Schuld herrühren. Unsere Klagen sind in verschiedene Phasen oder Stufen unterteilt, die das ganze Spektrum des emotionalen Schwelgens umfassen. Die erste dieser Phasen ist das Klagen, das sich zu Wutanfällen entwickelt, in eine falsche Geisteshaltung und von dort schließlich in Dunkelheit absinkt – in eine Fragmentierung, die so schwer ist, dass das Unbewusste eine scheinbar eigenständige Zerstörungskraft besitzt. Dies kann sich in Form von Naturkräften zeigen, etwa durch ein Erdbeben oder einen Taifun, oder als das dunkle Übernatürliche, das uns zu bedrohen oder gegen uns gerichtet zu sein scheint. Es wird meist verdrängt, kommt aber dennoch ans Tageslicht, um gereinigt zu werden. Es ist bedeutend einfacher, wenn wir es heilen, ehe es an der Oberfläche angekommen ist.

In Anbetracht dessen, dass Klagen aus Bedürfnissen und Werturteilen bestehen, können wir mit ziemlicher Sicherheit sagen, dass jede Klage eine Klage über uns selbst ist. In Lektion 60 haben wir bereits herausgefunden, dass Verlust auf den tiefsten Ebenen des Geistes durch eine Entscheidung oder einen Mangel an Wertschätzung herbeigeführt wird. Die meisten von uns empfinden in der Regel zu viel Schuld, als dass wir imstande wären, diese Ebenen der Entscheidung zu erforschen, und so verharren wir in unserer Depression. Depressionen sind Klagen gegen andere und gegen das Leben. Wir haben darin versagt, Eigenverantwortung zu übernehmen, und das lässt uns mit einem Gefühl der Machtlosigkeit zurück.

Jedes Problem ist eine Klage. Die Größe des Problems zeigt, ob es eine Klage, ein Wutanfall, eine falsche Geisteshaltung oder ein Abstieg in die Dunkelheit ist. Jedes Problem ist eine Klage gegen einen Menschen in der Gegenwart, die eine Klage gegen einen Menschen aus der Vergangenheit widerspiegelt.

Wir wollen heute also einmal drei deiner Probleme/Klagen untersuchen. Stell dir folgende Fragen:

In welcher Phase befindet sich die Klage oder das Problem?
Worum geht es dabei?
Gegen wen ist die Klage gerichtet?
Worin besteht die verborgene Klage gegen dich selbst, die sich unter der Klage gegen jemand anderen verbirgt?
Wärest du bereit, dir selbst und allen anderen zu vergeben?

Denke daran, dass die Alternative zur Vergebung darin besteht, das Problem zu behalten. Es ist deine Entscheidung. Triff eine kluge Wahl.

Wiederhole diese Fragen für jedes Problem und jede Klage, die du dir anschauen willst.

Du kannst die nachstehende Tabelle benutzen, um deine Antworten zu notieren:

Problem oder Klage	In welcher Phase befindet sie sich?	Worum geht es dabei?	Gegen wen ist sie gerichtet?	Welche verborgene Klage richtest du gegen dich selbst?
1. Problem				
2. Problem				
3. Problem				

LEKTION 89
Angst heilen

Alle unsere Probleme, insbesondere alle Dinge, die uns daran hindern, erfolgreich zu sein, rühren von Angst her. Das bedeutet, dass jedes Problem, jedes Hindernis, jede Verzögerung und jede Ablenkung ein Ausdruck von Angst ist. Alle unsere Niederlagen waren eine Folge unserer Angst vor Erfolg und unserer Angst vor dem nächsten Schritt. Den nächsten Schritt zu gehen bringt Veränderung und eine neue Stufe des Erfolgs. Es kann auch die Angst vor einer Gabe mit sich bringen, die uns noch mehr Erfolg bringen würde. Was dich daran hindert, Erfolg zu haben, ist deine Angst. Angst ist eine Illusion. Es ist eine falsche Wahrnehmung.

Unsere Angst ist immer eine Angst vor Verlust. Das bedeutet, dass jedes Problem dazu dient, uns vor dem Verlust von etwas zu schützen, das wir für bedroht halten. An der Oberfläche steht unser Wunsch nach Erfolg. Was wir vor uns selbst verbergen, ist die irrige Überzeugung, der Erfolg würde dazu führen, dass wir etwas verlieren, das uns lieb und teuer ist. Dies kann ein Mensch, eine Sache oder ein Ort sein, aber auch eine Form des Schwelgens, das Durchsetzen unseres Willens auf einer bestimmten Stufe, Rechthaberei oder Vergeltung.

Jedes Problem, jede Form von Mangel, jeder Mangel an Erfolg verbirgt Angst. Eine Milliarde verschiedener Symptome haben dieselbe Ursache: Angst. Es stünde uns gut an, unsere Angst zu überwinden. Angst hat ein Ziel. Wir haben eine Phantasievorstellung von dem, was vermeintlich geschehen wird. Wir unterliegen einer Täuschung, die uns Angst macht. Echte Wahrnehmung blickt über die Angst und das Problem hinaus auf die Lösung.

Nimm drei Probleme. Welche Angst verbirgt sich an der Wurzel jedes Problems? Lege diese Angst in Gottes Hände. Was empfängst du anstelle deiner Ängste, nachdem du sie in die Hände Gottes gelegt hast?

LEKTION 90
Der Erfolg des Annehmens

Buddha sagte, dass Erleuchtung einfach zu erlangen sei: „Begehre nichts. Lehne dich gegen nichts auf." Die meisten Menschen kennen den Lehrsatz: „Begehre nichts." Weit weniger Menschen aber kennen die Weisung: „Lehne dich gegen nichts auf." Sie spricht von der heilenden Kraft des Annehmens. Annehmen bedeutet, eine schwierige Situation zu akzeptieren und sich einfach dafür zu entscheiden, sie nicht zu bekämpfen. Es ist das Kämpfen, das Schmerz erzeugt. Annehmen ist aber keinesfalls gleichzusetzen mit Resignation oder damit, dass du zulässt, dass ein anderer dir Schaden zufügt. Dies sind ganz andere Erfahrungen mit anderen Tagesordnungspunkten des Egos. Das, was wir annehmen, erfahren wir, und wir lernen daraus, ohne dass es unser Vorankommen über Gebühr behindert. Demgegenüber tut das, wogegen wir uns auflehnen und was wir von uns fortstoßen, uns weh, und es tut so lange weh, bis wir es annehmen. Annehmen bedeutet nicht, dass wir das, was geschieht, mögen müssen. Es bedeutet einfach, dass wir nicht im Schmerz darüber feststecken. Durch Annehmen lernen wir die Lektion, und das führt dazu, dass wir das loslassen, was uns verletzt. Dies rückt die ganze Situation ins richtige Licht und lässt uns in einer ausgeglicheneren Weise weitergehen. Annehmen bedeutet, dass wir – wie Maria, als ihr der Engel erschien – ganz einfach sagen: „So sei es."

Wir wollen auf unser Leben zurückblicken. Dort, wo es noch immer Verletzung und Niederlage gibt, dort gibt es auch noch immer Nichtannehmen, Gefühle der Ablehnung und sogar Herzensbruch. Dies lässt in uns einen Ort entstehen, an dem die Verbindung zwischen unserem Herzen und unserem Geist zerschnitten ist. Das Ausmaß, in dem wir Verletzung empfinden, ist auch das Ausmaß, in dem wir vor dem Leben zurückgewichen sind. Dies kann für uns und für unseren Erfolg nicht gut sein.

Manchmal erleben wir, dass es Menschen in unserem Leben gibt, die wir entweder dauernd verändern wollen oder bei denen wir resigniert haben. Dies hindert uns selbst am Vorankommen. Es ist an der Zeit, dass wir diese Menschen einfach so annehmen, wie sie sind. Das heißt nicht, dass jemand das Recht hat, uns zu missbrauchen, denn dies würde dazu führen, dass sowohl wir als auch er Schuld empfinden, und es würde uns beide zurückhalten.

Betrachte die Situationen, in denen du dich verletzt, zurückgewiesen oder besiegt gefühlt hast. Was ist es, das du in Bezug auf die an der Situation beteiligten Menschen, die Situation selbst und dich selbst nicht annimmst? Kannst du es nun annehmen, um deiner selbst willen und um der Menschen in deinem Umfeld willen? Kannst du es nun annehmen? Das, was geschehen ist, war in Wahrheit nur in deiner eigenen Erfahrung so. Der Wunsch, „es würde nicht passieren", hält dich zurück. Es anzunehmen ist die Wahrheit. Es nicht anzunehmen ist eine Form von Verleugnung. Der Teil deiner selbst, der leugnet, möchte zu der Situation und der Naivität zurückkehren, in der du dich vor diesem unsanften Weckruf befunden hast. Annehmen bringt dich zum nächsten Schritt, der sowohl reifer als auch erfolgreicher ist. Annehmen stellt die Verbindung zwischen deinem Geist und deinem Herzen wieder her. In dem, was du nicht annehmen kannst, bleibst du stecken. Wenn du beispielsweise den Tod eines Menschen nicht annimmst, dann stehst du noch immer an seinem Grab, und die Wiedergeburt, die in deinem Geist geschehen sollte, hat noch nicht stattgefunden.

Denke daran, dass deine Verletzung zeigt, was du abgelehnt hast, und dass eine Niederlage zeigt, wogegen du dich aufgelehnt hast. Es ist an der Zeit, anzunehmen und weiterzugehen. Es ist an der Zeit, anzunehmen und die alten Herzensbrüche und Niederlagen zu überwinden. Es ist an der Zeit, anzunehmen und erfolgreich zu sein.

LEKTION 91
Der erfolgreiche Weg
des Nichtannehmens

Nachdem wir in der vorigen Lektion das Annehmen ergründet haben, ist es nun an der Zeit, den Weg des Nichtannehmens zu untersuchen. Der Weg des Annehmens und der Weg des Nichtannehmens stehen in Wirklichkeit nicht in Widerspruch zueinander. Sie existieren ganz einfach gemeinsam auf unterschiedlichen Ebenen. Nichtannehmen entspringt einer spirituellen Perspektive und hat mit unserer Identität als Kind Gottes zu tun. Es ist das Nichtannehmen dessen, was unser Ego für uns plant. Ergründe einmal das folgende Zitat aus *Ein Kurs in Wundern*:

> *Die Wahrheit über dich ist so erhaben,*
> *dass nichts, was Gottes unwürdig ist, deiner würdig ist.*
> *Entscheide also, was du in diesem Sinne willst,*
> *und nimm nichts an, was du nicht*
> *Gott als gänzlich für ihn angemessen schenken würdest.*

Mit diesem Nichtannehmen beginnen wir, uns selbst anzunehmen, aus spiritueller Sicht zu erkennen, was wir verdienen, und die Identifizierung mit dem Ego aufzugeben. Das öffnet uns für unsere Größe und für das, was wir wirklich verdienen, meidet jedoch den Größenwahn des Egos, der nur eine Kompensation für Verzweiflung ist. Indem wir unseren Wert erkennen, transzendieren wir zugleich die erbärmliche Kleinheit, die das Ego zu verstärken versucht. Weder die Kleinheit noch der Größenwahn des Egos führen zum Erfolg. Größenwahn gleicht einem zu stark aufgeblasenen Ballon, der nach einem spitzen Gegenstand sucht. Kleinheit ist eine Ausrede, um sich zu verstecken.

Ein nützlicher Hinweis: Es ist einfacher, das Nichtannehmen vor einem negativen Ereignis zu praktizieren als danach. In anderen

Worten: Es ist wirkungsvoller, das Nichtannehmen zu praktizieren, bevor die gegnerischen Soldaten vor der Tür aufmarschiert sind.

Hier sind einige hilfreiche Übungen. Wähle drei schmerzliche Niederlagen, die du in der Vergangenheit erfahren hast. Sprich dabei jedesmal laut:

> *Diese Erfahrung ist Gottes nicht würdig,*
> *und sie ist meiner nicht würdig.*
> *Ich lasse alle meine Ego-Überzeugungen in dieser Situation los,*
> *und ich akzeptiere sie*
> *weder für Gott noch für mich selbst.*

Lass dir bei jedem Ereignis genügend Zeit. Verweile bei der Wirkung, die diese Worte auf die vergangene Situation haben, bis sie sich zu klären beginnt und schließlich auflöst.

Wähle nun drei Ereignisse in der Gegenwart, von denen du weißt, dass sie deinem Erfolg im Weg stehen. Sage dir aus ganzem Herzen:

> *Diese Erfahrung ist nicht die Wahrheit.*
> *Weder ist sie das, was Gott für mich will,*
> *noch ist sie das, was ich selbst für mich will.*
> *Ich entscheide mich für Frieden, Glücklichsein und Erfolg.*

LEKTION 92
Ärger

Aller Ärger rührt von unseren Emotionen her. Es kann sehr hilfreich sein, wenn wir uns ärgern, denn es weist uns auf eine Denk- und Fühlweise hin, die eine fehlgeleitete Wahrnehmung ist. Der Ärger entspringt einem Werturteil, das wir gefällt haben und das selbstzerstörerisch wirkt. Dieses Werturteil verbirgt eine tiefere Schicht von Schuld, für die wir uns selbst bestrafen. Weil wir die Schuld nicht aushalten können, projizieren wir das, was wir bei uns selbst verurteilt haben, auf einen anderen Menschen. Dies scheint das Problem nach außen zu verlagern, aber selbst dann, wenn es uns gelänge, andere Menschen dazu zu bringen, sich unserem Willen oder unserer Kontrolle zu unterwerfen, wäre dieser Konflikt in unserem Inneren noch immer vorhanden und würde uns zu Fall bringen.

Wo wir Ärger empfinden, dort begehen *wir* einen *Fehler*. Fehler können uns als Hinweis darauf dienen, wo wir der Heilung bedürfen, um zuversichtlich und erfolgreich zu sein. Wir können unseren Geist und unser Herz zu Werkzeugen des Erfolgs machen, aus denen viele Gaben hervorgehen. Wir können der Stern sein, der wir sein wollten, und in hellem Licht erstrahlen.

Wir sollten die Chance nutzen, um immer dann, wenn wir uns ärgern, noch feiner, noch stärker und noch erfolgreicher zu werden. Dazu müssen wir zuerst die Emotion des Ärgers erkennen, den wir spüren. Wenn ein anderer Mensch diesen Ärger hervorgerufen zu haben scheint, dann liegt diese Emotion in ihm selbst unter seinem eigenen negativen Verhalten verborgen, auch wenn er sie vielleicht verdrängt hat.

Nimm zuerst deinen Ärger wahr. Dann frage dich: Welche Emotion liegt darunter verborgen? Du kannst durch viele Schichten hindurchgehen, indem du dir diese Frage wiederholt stellst. Du kannst sogar bis zu Emotionen vordringen, die auf der Ebene des Unbewussten liegen. Geh immer weiter. Nimm wahr, was es ist. Es kann Jahre her sein, seit du diese Emotion zum letzten Mal gespürt hast. Sie nun bewusst zu erfahren ist der erste Schritt, um über sie hinauszugelangen. Wenn du die Emotion gespürt hast, dann frage dich, welche Emotion darunter verborgen liegt. Nimm sie wahr, und geh tiefer zur nächsten negativen Emotion. Nach einer Weile geben diese Emotionen den Weg für ein positives Gefühl frei. Geh nun noch tiefer, bis du ein wahrhaft transzendentes Gefühl wie Liebe, Freude oder Wunder empfindest. Lass dich von dem Gefühl erfüllen, und teile es dann energetisch mit den Menschen, die du liebst. Zum Schluss stell dir vor, wie du es mit dem Menschen teilst, der dich scheinbar geärgert hat.

Diese Übung hilft dir, dein Herz und deine Kraft zurückzugewinnen, während du zugleich Teile deines Geistes wieder integrierst, die durch die schmerzlichen Emotionen abgetrennt waren. Durch diese Übung gewinnst du mehr Mut, dich deinen Gefühlen zu stellen, was wiederum Partnerschaft und Erfolg ermöglicht. Sie führt zu mehr Zuversicht und Ganzheit.

LEKTION 93
Angst ist immer ein Angriff auf die Zukunft

Angst existiert als ein vorweggenommenes Ereignis. Wir betrachten die Zukunft mit einem Werturteil. Wir greifen sie mit unseren Gedanken an. Infolgedessen erscheint sie uns unheimlich. Angst ist das Ergebnis von Angriffsgedanken, die wir gesät haben. Wenn wir Angst haben, dann ist das ein Zeichen dafür, dass wir kein Vertrauen in die Zukunft haben. Vision hingegen ist die Erfahrung einer positiven Zukunft, die uns bereits jetzt inspiriert.

Angst führt dazu, dass sowohl unsere Möglichkeiten wie auch unser Selbstgefühl schrumpfen. Sie lähmt uns und macht uns schwach. Die negativen Erfahrungen aus der Vergangenheit und die Überzeugungen, die diese Ereignisse hervorgerufen haben und gleichzeitig als deren Folge entstanden sind, haben wir auf unsere Vorstellung von der Zukunft projiziert.

Dies führt zu einem Teufelskreis zwischen Vergangenheit und Zukunft, den unser Ego benutzt, um uns von dem Punkt fernzuhalten, an dem die Kraft ist – der Gegenwart. Die Gegenwart ist ein Ort, an dem wir uns selbst Kraft verleihen, da sie zugleich ein Ort der Entscheidung ist. Wenn wir ganz und gar in der Gegenwart wären, dann würden wir Gefühle des Friedens und der Freude erfahren. Da sie das Ego abschmelzen lassen, tut das Ego alles, was in seiner Macht steht, um uns daran zu hindern, den gegenwärtigen Augenblick zu erfahren.

Wenn wir uns schlecht fühlen, dann ist das stets ein Zeichen dafür, dass wir in der Vergangenheit leben. Wenn wir Angst haben, dann ist das ein Zeichen dafür, dass wir in der Zukunft leben und versuchen, sie jetzt schon zu bewältigen, was natürlich unmöglich ist. Wenn wir jedoch voll in der Gegenwart leben, dann bewältigen wir den Teufelskreis aus Vergangenheit und Zukunft und lösen ihn auf. In der Gegenwart zu leben öffnet die Tür zur Ewigkeit – zum allgegenwärtigen, ekstatischen *Jetzt*.

Prüfe heute einmal deinen Horizont, wenn du in Richtung deiner Zukunft blickst. Wie hell erscheint er dir? Wenn du keine Gefühle von Nähe und von Erfolg spürst, dann hast du die Partnerschaft und die Gleichheit, die beide Voraussetzungen für den Erfolg sind, noch nicht erreicht.

Hab heute Vertrauen in die Zukunft. Lass die Vergangenheit und ihre gärende Negativität los. Verpflichte dich der Zukunft. Das wird sie zum Besseren hin verändern. Wenn du dich anderen Menschen, Situationen und sogar dir selbst von ganzem Herzen gibst, dann kommen alle diese Beziehungen voran.

Habe Vertrauen in die Zukunft. Habe Vertrauen in dich selbst. Habe Vertrauen in Gott. Entscheide dich heute dafür, deine Zukunft in die Hände Gottes zu legen. Wenn du das tust, dann bekommst du im Gegenzug die Freude des *Jetzt* zurück.

LEKTION 94

Du bist denen, die dir vermeintlich geschadet haben, zu Dank verpflichtet

Dies ist eine einfache, aber wirkungsvolle Methode, um die Fänge der Niederlage in einen Sieg zu verwandeln und das Muster der Angst und des Versagens aufzulösen, das aus einer Niederlage entstehen kann.

Vor zwanzig Jahren war ich Mitglied eines Teams, das einen eintägigen Workshop begleitete. Zu diesem Team gehörte auch eine Frau, deren Botschaft als Heilerin und als Coach wirklich eine Inspiration war.

Die Frau berichtete, wie sie im Alter von drei Jahren vergewaltigt worden war. Das Publikum war gebannt, als sie davon sprach, wie dankbar sie für diesen Vorfall war. Sie sagte: „Dieses Ereignis war es, das mich auf einen Weg der Heilung und der Spiritualität gebracht hat. Hätte ich ein so nachdrückliches Erlebnis nicht gehabt, dann hätte ich mich, so wie ich mich kenne, einfach durchs Leben treiben lassen. Stattdessen hat der Schock mich wachgerüttelt, und ich habe dieses Ereignis genutzt, um mich im Leben nach vorne zu katapultieren. Heute arbeite ich als Heilerin und helfe anderen Menschen, diese und zahlreiche andere Arten von Traumata zu überwinden." Die Frau sprach mit liebevoller Autorität, und sie gebot Achtung.

Die Dankbarkeit, von der die Frau spricht, ist eine kraftvolle Methode der Heilung. Um sie in die Praxis umzusetzen, musst du lediglich erkennen, dass du den Menschen zu Dank verpflichtet bist, die dir vermeintlich geschadet haben. Wenn du willst, kannst du sogar eine Liste erstellen.

Am Beispiel von drei schlimmen Niederlagen, die dir in deinem Leben widerfahren sind, wollen wir nun ergründen, in welcher Weise du den Menschen zu Dank verpflichtet bist, die an diesen Niederlagen beteiligt waren und dir vermeintlich geschadet haben.

1. Täter	1. Meine Dankesschuld gegenüber diesem Menschen: 2. Auf welche Weise er mir geholfen hat: 3. Ich bin dankbar, weil:
2. Täter	1. Meine Dankesschuld gegenüber diesem Menschen: 2. Auf welche Weise er mir geholfen hat: 3. Ich bin dankbar, weil:
3. Täter	1. Meine Dankesschuld gegenüber diesem Menschen: 2. Auf welche Weise er mir geholfen hat: 3. Ich bin dankbar, weil:

LEKTION 95
Die Rolle der Aufopferung

Wir entscheiden uns ständig zwischen der Rolle der Aufopferung und der Freiheit des Erfolgs.

Aufopferung ist eine Rolle. Jede Rolle, die wir annehmen, gleicht einer Rüstung, die wir tragen. Die Rüstung schützt uns nicht besonders gut, verhindert aber sehr wohl, dass wir empfangen. Sie fordert unsere Aufmerksamkeit und führt dazu, dass wir schon bald erschöpft sind. Wir alle tragen Rüstungen, oft sogar viele Schichten übereinander. Aufopferung ist eine Rolle, und jede der vielen Rollen, die wir haben, hat einen Bezug zur Aufopferung. Wenn wir bei unserer Arbeit oder in unseren Beziehungen erfolgreich sein wollen, dann täten wir gut daran, unsere Rollen zugunsten von etwas aufzugeben, das authentisch ist. Einer Rolle mangelt es an Integrität, denn sie tut das Richtige aus dem falschen Beweggrund. Sie handelt nach den Buchstaben des Gesetzes, nicht aber nach seinem Geist.

Alles, was durch Aufopferung erreicht wird, könnte auch ohne Aufopferung durch Verbundenheit, Zusammenarbeit, Ideenreichtum, Geben, Begabung oder Gnade erreicht werden. Aufopferung ist ein Versuch, in der Maske des Gebens zu nehmen. Sie ist ein Versuch, Gefühle der Unwürdigkeit zu kompensieren. Sie versucht, das Selbst anderer Menschen zu benutzen oder zu nehmen, weil wir glauben, unser eigenes Selbst sei nicht gut genug. Also opfern wir uns nur deshalb auf, damit der andere uns trägt. Aufopferung beruht auf Ungleichheit. Dadurch gibt es keinen Fluss, kein Empfangen, keinen Erfolg und keine Nähe. Aufopferung stellt uns über einen Menschen. So wird jede Beziehung zur Aufopferung, weil wir den anderen tragen müssen. Aufopferung kann uns auch unter einen anderen Menschen stellen. Dann benutzen wir sie als Versuch, einen Zustand der Gleichheit herbeizuführen. In dieser Situation sagt die Aufopferung: Ich gehöre hier nicht wirklich hin, aber ich tue die tollsten Dinge für dich, wenn ich nur in deiner Nähe bleiben darf.

Handle heute nicht aus der Aufopferung heraus, sondern um anderen Menschen zu dienen. Dienen ist wahre Hilfe und eine hohe Form der Beziehung. Es ist authentisch und lässt uns sowohl empfangen als auch geben.

Verpflichte dich heute der Gleichheit. Gleichheit verbannt Aufopferung und heißt Erfolg und Nähe willkommen. Gleichheit lässt uns empfangen und genießen. Gleichheit bedeutet Integrität.

LEKTION 96
Der Fluch des Erfolgs:
Die Rolle der Aufopferung, Teil II

In dieser Lektion wollen wir uns noch einmal damit befassen, wie Aufopferung uns daran hindert, erfolgreich zu sein. Ich nenne sie den Fluch des Erfolgs, denn wenn wir uns aufopfern, können wir nicht empfangen, ganz egal, wie hart wir auch arbeiten. Dann werfen wir dem betreffenden Menschen oder der Situation, in der wir uns befinden, vor, uns in die Aufopferung gedrängt zu haben. Solange wir nicht die Verantwortung für unser Leben übernehmen, können wir niemals Erfolg haben. Die Sache ist einfach: Opfer sind nicht erfolgreich. Menschen, die sich aufopfern, jammern meist darüber, dass sie sich aufopfern, greifen sich weiter an und glauben an ihre Machtlosigkeit.

Aufopferung und Erfolg sind nicht miteinander vereinbar. In der Aufopferung wird das Ego selbstgerecht und stark. Aufopferung beruht auf Werturteil. Sie will zeigen, wie die Dinge getan werden sollten. Aufopferung führt zum Burnout. Dieses Muster geht auf unsere Familie und auf die Rollen zurück, die wir damals angenommen haben, weil wir unsere Eltern verurteilt haben und vor unseren eigenen Gefühlen des Versagens fliehen wollten. Gefühle des Versagens in Bezug auf unsere Familie haben wir gehegt, weil wir sie benutzen konnten, um unserer Lebensaufgabe aus dem Weg zu gehen. Das tun wir seitdem ständig. Um ihr weiterhin aus dem Weg gehen zu können, landen wir in unseren Beziehungen und bei unserer Arbeit schließlich auch in der Aufopferung. Mit der richtigen Einstellung können wir die gegenwärtige Situation der Aufopferung dagegen nutzen, um uns des gesamten Musters bewusst zu werden und ihm endgültig seine Bedeutung zu nehmen.

Um dich aus der unangenehmen Situation der Aufopferung zu befreien, musst du zuerst einmal die Verantwortung für dich selbst, dein Leben und deine Lebensumstände übernehmen.

Es ist wichtig, dass du erkennst, dass Aufopferung nicht Gottes Wille für dich ist. Sie ist eine psychologische Falle, die dazu dient, in der Maske des Gebens zu nehmen. Gott wäre nicht Gott, wenn er dir das wünschen würde. Vor zweitausend Jahren hat sich jemand geopfert, damit die Aufopferung auf der Erde ein Ende findet. Die Botschaft, die in der Auferstehung verkündet wird, dass nämlich die Aufopferung ein Ende hat, müssen wir erst noch verstehen.

Aufopferung kann durch eine bewusste Entscheidung jederzeit mühelos verändert werden. Triff immer dann, wenn du merkst, dass du dich aufopferst, die *Entscheidung*, stattdessen zu geben, und zwar vor allem dich selbst. Deine Entscheidung verwandelt die Situation automatisch in wahres Geben und Empfangen.

Gott möchte, dass du frei bist, und deshalb gibt er dir die Mittel, mit deren Hilfe du dich mühelos befreien kannst. Nutze heute diese Mittel. Triff die Entscheidung, in jeder Situation, in der du dich befindest, zu geben, vor allem in den Situationen, in denen du dich aufopferst. Geh mit Hilfe deiner Vorstellungskraft zu vergangenen Ereignissen und zu der Leblosigkeit zurück, die von ihnen herrührt, und stell dir vor, wie du aus freiem Herzen gibst. Das wird dich vom Muster der Aufopferung befreien.

LEKTION 97
Zuversicht

Zuversicht besitzt eine so große Macht, dass wir sogar gefahrlos sagen können, dass das Ausmaß unserer Zuversicht das Ausmaß unseres Erfolgs ist. Zuversicht heißt, dass wir die Kraft unseres Geistes in uns selbst und in den Erfolg investieren. Wie wir es glauben, so wird es sein. Zuversicht erkennt und beurteilt die Situation richtig. Sie ist keine Form der Verleugnung. Wenn wir zuversichtlich sind, dann investieren wir die Kraft unseres Geistes lediglich in positive Ergebnisse. Zuversicht lässt sich nicht entmutigen. Sie sieht Rückschläge nicht als eine Herausforderung, die bedeutet, dass das Ergebnis auch anders ausfallen kann, sondern nur als etwas, mit dem man sich auf dem Weg zum Erfolg befassen muss. Die Kraft des positiven Denkens hat große Wirkung, vor allem in negativen Situationen.

Nimm dir ein wenig Zeit, um über dein Leben nachzudenken. Wo hast du Erfolg? Dort hast du im selben Maße auch Zuversicht! Um deine Zuversicht zu stärken, richte in den Bereichen deines Lebens, die erfolgreicher werden sollten, die Kraft deines Geistes auf positive Ergebnisse für dich selbst und für andere Menschen. Entscheide dich für die Zuversicht, manifestiere sie und verpflichte dich ihr. Bitte durch Gebete darum. Wenn du merkst, dass du zauderst oder einfach faul bist, dann ist das in Wahrheit nur ein Mangel an Zuversicht. Du könntest es ändern, indem du deine Angst oder deine Vergangenheit heilst, denn sie sind es, die dich von der Zuversicht fernhalten. Du könntest Zuversicht gewinnen, indem du dich selbst und dein Herz voll und ganz gibst, indem du vertraust, alle Kontrolle und alle Machtkämpfe loslässt und Differenzen überbrückst. Du könntest erkennen, dass du an einer Kreuzung angekommen bist. Wirst du in Angst investieren oder in Zuversicht und Erfolg? Es ist deine Entscheidung. Wenn deine Angst chronisch zu sein scheint, geh im Geist noch einmal in die

Zeit und zu der Kreuzung zurück, an der du dich für die Angst entschieden hast, die dich jetzt beeinflusst – an der du dich für die Angst anstelle der Zuversicht entschieden hast. Was immer dein Ego dir angeboten hat, um dich davon zu überzeugen, dich für seinen Weg zu entscheiden – du hast dafür mit einem Maß an Angst bezahlt, das die Sache offensichtlich nicht wert war. Triff eine neue Entscheidung. Willst du das höhere Bewusstsein und seinen Weg der Gaben, oder willst du das Ego und seinen Weg der Angst und des Verbergens?

LEKTION 98
Der Glanz des Klagens

Wenn wir klagen, dann arbeiten wir gegen den Erfolg, weil wir in Wirklichkeit eine andere Tagesordnung haben. Diese Tagesordnung bleibt in unserem Unterbewusstsein verborgen, sodass wir uns, wenn wir klagen, häufig nicht mehr daran erinnern, dass wir geklagt haben, und uns unseres Verhaltens oft nicht einmal bewusst sind, wenn wir es gerade tun. Wir haben den Autopiloten eingeschaltet, weil wir etwas tun, das wir schon so oft getan haben. Wir klagen und lassen Dampf ab. Wenn wir ein offenes Ohr finden, hören wir gar nicht mehr auf. Wenn wir über jemanden klagen und uns jemand zuhört, der will, dass derjenige, über den wir klagen, „mit Dreck beworfen" wird, dann bestärkt uns das in unserer Selbstgerechtigkeit. Wir erkennen jedoch nicht, dass unsere Klagen über das Leben, über einen anderen Menschen oder über die Arbeit in Wirklichkeit die verborgene Botschaft enthalten, dass sie gegen denjenigen gerichtet sind, bei dem wir uns beklagen.

Klagen sind eine Form von Aggression, und Aggression ist nicht begrenzt. Sie hat eine Auswirkung auf alle. Sie bewirkt, dass unsere Klagen schwer zu ertragen sind. Sie erzeugt in unserem Umfeld ein gewisses Maß an emotionaler Verschmutzung. Klagen weisen auf unsere falsche Geisteshaltung hin und zeigen, wo wir erwarten, dass andere alles für uns tun. Klagen weisen auf einen Ort in unserer Vergangenheit hin, an dem wir einen Verlust erlitten haben, mit dem wir uns nicht befasst haben. In unserem Drang, uns zu beklagen, vergessen wir andere Menschen, und das ist stets ein Zeichen dafür, dass unsere Bedürfnisse nicht erfüllt werden.

Weil wir etwas brauchen, vergessen wir andere Menschen und ihre Bedürfnisse. Wir versuchen, unsere Bedürfnisse von dem Menschen erfüllt zu bekommen, bei dem wir uns beklagen. Es ist sehr wichtig, dass wir erkennen, dass das Bedürfnis, das in der gegenwärtigen Situation nicht erfüllt wird, in Wirklichkeit ein altes Bedürfnis ist, das wir bereits seit längerer Zeit haben. Bedürfnisse rühren von einem Verlust an Verbundenheit her, der lange vor dem Entstehen der gegenwärtigen Situation stattgefunden hat. In der gegenwärtigen Situation erlangen wir mit unserem Problem einen gewissen Glanz: den Glanz des Klagens. Es ist vergleichbar mit der Zeile aus dem alten afroamerikanischen Spiritual: „Nobody knows the trouble I've seen, nobody knows but Jesus." Wenn es um Klagen geht, sollte es eigentlich heißen: „Nobody knows the trouble I've been…"[6]

Glanz ist ein Versuch, Aufmerksamkeit zu bekommen, um vergangene Verluste zu kompensieren. Er funktioniert aber nicht, wenn wir nicht handeln. Die inneren Prinzipien des Erfolgs können sehr hilfreich sein, vor allem dann, wenn es darum geht, Klagen zu transformieren. Dazu gehören Kommunikation, Vergebung und Loslassen. Vergebung beendet die Trennung, die zu der Klage geführt hat. Loslassen lässt uns weitergehen und in den Fluss des Lebens zurückgelangen. Wenn wir klagen, dann sonnen wir uns in einem dunklen Glanz und gehen Möglichkeiten, die unsere Situation verändern könnten, aus dem Weg. Es ist an der Zeit, dich deiner eigenen Inspiration und deinem eigenen Ideenreichtum zu verpflichten.

Es ist an der Zeit, etwas zu tun, das dein Leben zum Guten hin verändern wird.

---

6 Anm. der Übersetzerin: „Keiner weiß, welche Schwierigkeiten mir begegnet sind, keiner weiß es außer Jesus." In der Version des Verfassers: „Keiner weiß, welche Schwierigkeiten ich verursacht habe…"

LEKTION 99
Eine Jungengeschichte

In einem Workshop berichtete vor kurzem ein Mann namens Martin von seinem Verdacht, dass er sich bei seiner Arbeit selbst sabotierte. Martin war einige Jahre zuvor schon einmal „Fokusperson" gewesen (eine Fokusperson ist die Person, die unter allen Teilnehmern eines Workshops nach dem Zufallsprinzip ausgewählt wird, um das in den Mittelpunkt zu rücken, was im Gruppenbewusstsein des Workshops geschieht). Damals hatte er darüber geklagt, dass er keine Partnerin hatte. Weil er sich geöffnet hatte, war er mittlerweile verheiratet und hatte ein fünf Monate altes Kind. Zu diesem Workshop war er gekommen, weil er einen weiteren Durchbruch erzielen wollte. Obwohl Martin sowohl in seinem Geschäft als auch in seiner Beziehung erfolgreich war, erkannte er bald, dass ihn ein und dieselbe Falle in beiden Bereichen aufhielt.

Martin vermutete zu Recht, dass er sich bei seiner Arbeit selber Probleme schuf. Wir entdeckten bald, dass er es tat, um sich selbst vor eine Herausforderung zu stellen. Er hätte großen Erfolg empfangen können. Stattdessen wollte er gegen alle möglichen Schwierigkeiten hart arbeiten, um *selbst dafür zu sorgen*, dass dieser Erfolg eintrat. Er wollte eine Herausforderung. Er wollte seinen Erfolg verdienen, und er wollte nicht, dass der Erfolg ihm mühelos zufiel. Ebenso wollte er auch seine Frau nicht „einfach" haben können. Er wollte sie „verdienen" und hart arbeiten, um dessen würdig zu sein, was sie ihm gab. Also schuf er unnötige Herausforderungen für sich selbst, und zwar nicht nur bei seiner Arbeit, sondern auch in seiner Beziehung zu seiner Frau. Martin schien eines seiner Lieblingsspiele zu spielen, und zwar „trotz aller Widrigkeiten erfolgreich sein". Er liebte es, den Helden zu spielen. Bedauerlicherweise „spielte" er den Helden nur, statt tatsächlich einer zu sein, weil er in Wirklichkeit Gefühle der Unwürdigkeit kompensierte. Der Lohn für seine Arbeit in Form von Geld oder anderen Erfolgen interessierte Martin nicht wirklich. Er war mehr an Abenteuer, Adrenalin und heldenhaften Taten interessiert als daran, Wohlstand, Fülle und Belohnung zu empfangen. Um es mit anderen Worten zu sagen: Er benahm sich wie ein Junge. Die Belohnung seiner Frau wollte er erst dann haben, wenn er den sprichwörtlichen Drachen erschlagen hatte. Ich wies ihn darauf hin, dass seine Frau sehr wahrscheinlich die Einzige sein würde, die sich in einen Drachen verwandelte, wenn er sie aufgrund seiner jungenhaften Heldengeschichten noch länger warten ließ.

Martin liebte es, das stürmische Leben eines vielbeschäftigten „Helden" zu leben, während er hart für seinen Erfolg arbeitete. Er wartete nur nie lange genug, bis die Ernte eingebracht war. Jeden Durchbruch, den er erzielte, benutzte er, um noch mehr Arbeit zu bewältigen. Er gestand sich jedoch nicht zu, mehr als das zu empfangen, weil er nicht so sehr daran interessiert war, Dinge zu besitzen. Er liebte es, im „Düsenstrahl" zu sein. Um ihm deutlich zu machen, welche Wirkung das auf seine Frau hatte, bat ich ihn, sich vorzustellen, er sei der Düsenstrahl und sie eine Blume. Das Bild rüttelte ihn wach und ließ ihn erkennen, was er tat.

Er erkannte, dass er sie in seiner Geschichte über *Martin, den Helden* zu einer Nebendarstellerin gemacht hatte. Er erkannte, dass es ihm in seinem Leben immer nur um sich selbst ging und dass seine Frau nur zu den Belohnungen gehörte, die er sich gönnte. Martin erkannte bald, dass er diese heldenhafte „Jungengeschichte" seit seinem dritten Lebensjahr lebte, um einen schlimmen Herzensbruch zu kompensieren. Seine „Jungengeschichte" verbarg seine Bedürfnisse und machte ihn unabhängig. Als ihm klar wurde, dass er mehr mit seiner „Jungengeschichte" als mit seiner Frau verheiratet war, war er sofort bereit, sie aufzugeben.

Während wir dieses Thema erforschten, wurde uns auch klar, dass Ehefrauen, die über die „Jungengeschichten" ihrer Männer klagen, in Wahrheit ihre eigene Geschichte haben. Sie stecken mit der „Jungengeschichte" ihres Mannes unter einer Decke, weil sie dadurch, dass ihr Mann so beschäftigt ist, unabhängig bleiben können und selbst nicht zur nächsten Stufe der Partnerschaft weitergehen müssen. Sie haben eine verborgene „Jungengeschichte". Wir entdeckten bei unserer Forschung sehr bald, dass die meisten unabhängigen Frauen auch eine „Jungengeschichte" haben. Wir fanden heraus, dass jeder, der eine „Jungengeschichte" hat, zugleich auch eine „Ich-bin-etwas-Besonderes-Geschichte" hat – eine Geschichte, in der das Leben sich nur um ihn dreht. Außerdem entdeckten wir, dass Ehemänner mit einer ausgeprägten „Jungengeschichte" oft Frauen mit einer ebenso ausgeprägten „Ich-bin-etwas-Besonderes-Geschichte" haben, die sich in Form von Problemen, Krankheiten oder emotionalem Schwelgen zeigt und bei der es immer nur um sie selbst geht. Mann und Frau haben unterschiedliche Formen der „Ich-bin-etwas-Besonderes-Geschichte", die Formen von vorgetäuschter Liebe und falscher Aufmerksamkeit sind. Diese Geschichten sind ein Versuch, für verlorene Verbundenheit zu entschädigen, aber ihnen fehlt die Gleichheit, die eine Beziehung erfolgreich werden lässt.

Wenn wir eine „Jungengeschichte" haben, sind wir nicht ausgeglichen und neigen zur Überarbeitung. Diese „Jungengeschichte" bestimmt, wie wir leben. Sie ist eine Form der Kontrolle, die bewirkt, dass unser Leben sich auf eine abenteuerliche Weise entfaltet, die meist nicht unbedingt die beste oder einfachste Weise ist. Die „Jungengeschichte" ist eine Möglichkeit, dem Weiblichen und der Fähigkeit des Empfangens aus dem Weg zu gehen. Man investiert in hohem Maße in harte Arbeit und nicht darein, die Belohnung für die eigene Arbeit zu empfangen. Es gibt keine Leichtigkeit, sondern nur Heldentaten. Gnade wird auf ein Mindestmaß begrenzt, während der harten Arbeit, die den eigenen Erfolg sichern soll, wegen des Nervenkitzels mehr Bedeutung beigemessen wird. Alles wird mit dem Maß der Erregung gemessen, die damit einhergeht, dass wir alles selbst tun, statt mit dem Maß des Öffnens und des Empfangens.

Als wir Martins Bericht weiter verfolgten, stellten wir fest, dass sein Bewusstsein eine sehr starke Gespaltenheit aufwies, die er aber mit seinem Erfolg beherrschen und verborgen halten konnte, sodass sie niemandem wirklich auffiel. Weil er seine Frau von ganzem Herzen liebte, war er bereit, seine „Jungengeschichte" los-

zulassen, um seine männliche und weibliche Seite in ein Gleichgewicht zu bringen und ihr wirklich eine Hilfe zu sein. Daraufhin
konnte er seiner Frau größere Wertschätzung entgegenbringen,
die Kontrolle aufgeben und sich ihr und dem Himmel auf einer
ganz neuen Stufe hingeben. Dadurch konnte er auch die Möglichkeit eines neuen und besseren Anfangs erkennen. Er erkannte,
dass er, indem er seine „Jungengeschichten" losließ, ein ausgegli-
cheneres Leben führen würde, in dem es ein viel höheres Maß an
Empfangen, Belohnungen und Freizeit gab.

Anschließend führten wir eine Übung durch, in der Martin
das Loslassen sowohl seiner Kontrolle als auch seiner „Jungengeschichte" nachspielte. Als er zu der Frau kam, die in der Übung
die Rolle seiner Ehefrau übernommen hatte, umarmte er sie aus
tiefem Herzen, und aus seinen Augen strahlte das Licht der Liebe.
Für alle im Raum war ganz offenkundig, dass Martin gerade neue
Flitterwochen einläutete. Er sagte, er könne fühlen, wie er sich für
eine „Wahre Liebesgeschichte" und für eine „Schöne Lebensge-
schichte" öffnete, und meinte, dass dies ein mehr als fairer Tausch
für seine „Jungengeschichte" sei.

Frage dich heute, wie viele „Jungengeschichten" es in deinem
Leben gibt. Denke darüber nach, welchen Einfluss deine „Jungengeschichten" auf dich und deinen Partner haben (oder auf die Tatsache, dass du keinen Partner hast). Vielleicht entscheidest du dich
dafür, diese „Jungengeschichten" loszulassen, um festzustellen,
was dein höheres Bewusstsein dir an ihrer Stelle anbieten möchte.

LEKTION 100
Deine Investitionen

Wenn du in den Erfolg investierst, wirst du Erfolg haben. Wenn es etwas gibt, das dir wichtiger ist als der Erfolg, dann investierst du in diese Sache, und die Energie, die dem Erfolg zugutekommen sollte, kommt etwas anderem zugute.

Wir wollen einmal annehmen, dass du bei deiner Arbeit erfolgreich sein wolltest, dort aber nur zu 78 Prozent erfolgreich warst. Dies bedeutet, dass 22 Prozent verloren gegangen sind. Wir wollen weiter annehmen, dass du gefragt hast, in was die anderen 22 Prozent investiert wurden, und die Antwort, die dir spontan in den Sinn kam, lautete, dass sie in einen Groll aus der Vergangenheit und in den Wunsch, dich zu verstecken, investiert wurden. Das heißt, dass es dir wichtiger ist, zu grollen und dich zu verstecken, als erfolgreich zu sein. Wenn du gefragt wirst, was der Groll dir gibt, dann könnten die Antworten darauf lauten, dass er dir Unabhängigkeit gibt oder dass du dich noch besser verstecken kannst. Führe diese Übung nun allein durch. Du kannst sie für verschiedene Bereiche deines Lebens durchführen. In welche Dinge hast du die Kraft deines Geistes investiert?

Nachdem deine Investitionen in andere Dinge als in den Erfolg nun ans Tageslicht gekommen sind, kannst du darüber nachdenken, ob diese anderen Investitionen dich glücklich machen. Wenn nicht, kannst du eine neue Entscheidung treffen, den Groll, die Unabhängigkeit und das Bedürfnis, dich zu verstecken, loszulassen, sodass du an ihrer Stelle den Erfolg haben kannst.

Während du alle Orte loslässt, an denen du in andere Dinge als in Erfolg investiert hast, kannst du noch einmal fragen, wie hoch deine Erfolgsrate nun ist. Beträgt sie noch immer weniger als 100 Prozent, dann frage dich, in welche anderen Dinge außer dem Erfolg du noch investiert hast. Was immer es auch ist, lass es los. Investiere allein in den Erfolg, und der Erfolg wird dir gehören.

ZUSAMMENFASSUNG

Herzlichen Glückwunsch! Du hast die 100 Lektionen von *Die inneren Gesetzmäßigkeiten des Erfolgs* abgeschlossen. Dies ist eine große Leistung. Nun, da die Prinzipien des Erfolgs wieder in deinen Händen liegen, kannst du eine Veränderung herbeiführen, die dir ein besseres Leben ermöglicht.

Dieses Buch sollte nicht einfach nur schnell gelesen, sondern vielmehr eingehend studiert werden. Dann kann es dir zu jeder Zeit Hilfe bieten. Es wurde geschrieben, um dir ein lebenslanger Gefährte und ein treuer Begleiter auf deiner Suche nach Erfolg zu sein.

Frage dich auf der Skala von 100 %, wie gut du bei diesem „Kurs" abgeschnitten hast. Wie gut du auch warst, *Die inneren Gesetzmäßigkeiten des Erfolgs* ist ein Kurs, der ein Leben lang dauern kann und dessen Lektionen du immer wieder neu durcharbeiten kannst, bis du sie vervollkommnet hast.

Nachdem du das Buch nun durchgearbeitet hast, kannst du dir Zeit nehmen, um die einzelnen Lektionen noch einmal zu wiederholen, wenn du dies willst. Du kannst das Buch aber auch willkürlich öffnen und die Lektion, die du aufschlägst, als Lektion für den betreffenden Tag lesen. Alternativ kannst du auch eine Zahl zwischen 1 und 100 wählen und die entsprechende Lektion an diesem Tag durchführen. Wenn du ein Problem hast, kannst du das Buch in derselben Weise entweder willkürlich an einer Stelle öffnen oder eine Zahl aussuchen. Bei einem großen Problem kannst du drei, bei einem chronischen Problem vier Lektionen gleichzeitig auswählen. Um ein ganzes Thema zu klären, kannst du zehn Lektionen willkürlich auswählen. Widme dich diesen Lektionen wiederum von ganzem Herzen, damit sie dich befreien und in einen erfolgreichen Fluss zurückbringen können. Möge der Erfolg dein Leben segnen, und mögest du ihn mit anderen

Menschen teilen, um ihn für dich selbst und für die Menschen in deinem Umfeld zu mehren.

Ich wünsche dir alles erdenklich Gute!
Ein ganz herzliches Aloha, Chuck Spezzano
Hawaii, Mai 2005

GLOSSAR
und eine kurze Erklärung zu wichtigen Begriffen,
die in diesem Buch häufig vorkommen

Abhängigkeit (engl.: dependence)
Wenn wir abhängig sind, dann erleben wir eine so große Bedürftigkeit, dass wir glauben, ein anderer Mensch müsse uns emotional helfen oder tragen. Abhängigkeit ist eine der drei Hauptrollen (neben Unabhängigkeit und Opferhaltung), die sich als Folge verlorener Verbundenheit ergeben. Sie ist eine Strategie, mit der das Ego verlorene Verbundenheit wiederherzustellen versucht – indem wir unsere eigene Kraft aufgeben und versuchen, die Kraft anderer Menschen zu benutzen. Das Ego will unsere Bedürfnisse befriedigen, indem wir von anderen nehmen.

Ablehnung (auch Zurückweisung; engl.: rejection)
Ablehnung ist die Erfahrung, zurückgewiesen zu werden und unerwünscht zu sein, was emotionale Verletzung auslöst. Sie entsteht durch unseren eigenen Widerstand und die Weigerung, die Dinge so zu akzeptieren, wie sie sind. Wenn wir uns abgelehnt fühlen, sind es in Wahrheit wir, die sich weigern, etwas anzunehmen, und dieser Vorgang der Bewertung und Ablehnung erzeugt Verletzung. Meist kommt dieses falsche Gefühl, sich zurückgewiesen zu fühlen, dann auf, wenn wir versuchen, etwas zu bekommen oder zu nehmen. Dies kann schließlich zu Herzensbruch führen.

Ahnenmuster (engl.: ancestral pattern)
Dies ist ein negatives Muster, das durch Generationen unserer Ursprungsfamilie zu uns gelangt ist und mit einem Trauma oder einer negativen Erfahrung begonnen hat. Es wird von den Eltern zum Kind weitergereicht und kann in jeder Generation unterschiedliche Symptome annehmen.

Anerkennung (auch Würdigung; engl.: recognition)
Anerkennung ist das Interesse und die Würdigung, die wir anderen Menschen geben. Wir schenken ihnen unsere Aufmerksamkeit, bewahren sie in unserem Bewusstsein und erschaffen auf diese Weise einen positiven Energiefluss. Das Ego verachtet Würdigung und Anerkennung, sofern sie nicht seinen verborgenen Motiven dienen. Das macht es schwierig, andere anzuerkennen oder selbst anerkannt zu werden, denn dies würde zur Zerstörung des Egos führen. Wir können uns selbst nur in dem Maße anerkannt fühlen, in dem wir anderen Menschen Achtung, Respekt und Würdigung erweisen.

Angst (auch Furcht; engl.: fear)
Angst ist ein Zustand der Kontraktion (des Zusammenziehens), der durch Trennung und Bewertung entsteht. Da Angst das Ego erschaffen hat und eines seiner Hauptelemente darstellt, produziert das Ego auch Angst. Angst rührt von dem Versuch her, sich mit der Zukunft auseinanderzusetzen, statt im gegenwärtigen Augenblick zu sein.

Aufnehmen (auch von ganzem Herzen annehmen, erfassen;
engl.: embracing)
Embracing (wörtlich: umarmen) ist eine weibliche Gabe, die es uns erlaubt, zu halten, zu erfahren und zu schätzen. Sie ist ein Akt des Annehmens und Aufnehmens, der innigen Verbindung und Integration, mit dem wir positive Eigenschaften vollständig empfangen und negative Eigenschaften heilen können.

Aufopferung (auch Opfer, Verzicht; engl.: sacrifice)
Aufopferung ist eine der Schlüsselrollen, die auf Schuld und einem Mangel an Selbstwert beruhen. Sie ist ein Versuch, Dinge dadurch ins Lot zu bringen, dass man sich selber aufgibt. Sie ist eine der drei Schlüsselrollen, um Verlust zu kompensieren, verstärkt aber nur das Gefühl des Versagens, das sie eigentlich kompensieren sollte. Aufopferung stellt uns entweder über oder unter andere. Wenn wir uns anderen überlegen fühlen, tragen wir sie, und wenn

wir uns ihnen unterlegen fühlen, opfern wir uns für sie auf, damit wir uns der Beziehung würdig fühlen. Aufopferung ist eine versteckte Form von Konkurrenz und hat deshalb Angst vor Erfolg. Sie ist unwirksam, weil in Wirklichkeit niemand zum Opfer aufgerufen ist, und nicht authentisch, weil Aufopferung heißt, dass man gibt, ohne zu empfangen, was Gefühle von Leblosigkeit und Ausgebranntsein erzeugt.

Bedürfnisse (auch Bedürftigkeit; engl.: needs)
Wir erfahren Bedürftigkeit, wenn Bindungen verloren gegangen sind und infolgedessen ein Mangel auftritt. Bedürfnisse bewirken, dass wir uns leer und einsam fühlen. Deshalb versuchen wir zu bekommen oder zu nehmen, können aber nicht wahrhaft empfangen, was wir uns genommen haben. Bedürfnisse erzeugen Angst, Festhalten, Gefühle von Unzulänglichkeit und Unwilligkeit. Sie rühren aus Erfahrungen von Trennung, Verlust oder Verlassenwerden her. Bedürftigkeit erschafft Illusionen, Probleme und Muster, die zum Scheitern verurteilt sind. Ein Bedürfnis kann durch Geben oder Vergeben erfüllt werden, durch Verständnis, Loslassen oder andere heilende Methoden.

Begabung (Fähigkeit, die eigenen Gaben zu verwirklichen; engl.: giftedness)
Unsere Lebensaufgabe besteht zum Teil darin, unsere Begabungen aus dem Stadium des Potenzials zum Stadium der Verwirklichung zu entwickeln, um unser eigenes Leben und das unseres Umfeldes zu verbessern. Begabung schafft Energiefluss. Eine Lösung für jede Art von Problem besteht darin, die Gabe zu entdecken, die unter dem Problem verborgen liegt, sie anzunehmen und zu verwirklichen. Jeder Mensch besitzt unendlich viele Talente, Fähigkeiten und Begabungen, die darauf warten, erkannt und verwirklicht zu werden, indem man sie mit anderen teilt.

Bewertung (auch Werturteil, Urteilen; engl.: judgment)
Urteile beruhen auf unseren eigenen Schuldgefühlen. Sie stellen eine Wahrnehmung der Welt auf einem kleinsten gemeinsamen

Nenner dar. Eine Bewertung ist eine Form von Aggression, die uns trennt, um so unsere Überlegenheit zu zeigen. Urteile sind eine der Hauptursachen allen Leids. Wenn wir in Bewertungen feststecken, dann blicken wir auf die Welt hinaus und sehen die Notwendigkeit von Bestrafung, statt zu bemerken, dass die Welt Hilfe braucht.

Dissoziation (auch Abspaltung oder Abtrennung; engl.: dissociation)
Dissoziation ist eine Abwehrstrategie des Egos, die uns vor Gefühlen von Bedürftigkeit, Leid, Schuld oder Aufopferung bewahren soll.

Dissoziation führt zu einer Spaltung im Bewusstsein. Es sieht so aus, als hätten wir alles unter Kontrolle, aber in uns spüren wir noch immer alles Leid, allen Hunger und alle Einsamkeit. Sie erzeugt eine Unfähigkeit, zu fühlen oder zu empfangen.

Ego (engl.: ego)
Das Ego ist das Prinzip der Trennung. Es ist auf Angst, Leid, Schuld, etwas Besonderes sein wollen und Konkurrenzdenken aufgebaut. Es wird durch Unterwerfung und Kontrolle erzeugt, aber auch durch Schwäche und Opferhaltung (die nur eine versteckte Form der Kontrolle ist). Das Ego ist der Teil von uns, der am Ruder sein will – letzten Endes auch am Ruder der ganzen Welt. Es hungert nach Aufmerksamkeit und Anerkennung, und es will, dass alles nach seinem Willen läuft.

Wir alle brauchen ein Ego, um in der Welt zu funktionieren. Deshalb ist es Teil unseres Wachstumsprozesses, ein starkes Ego zu entwickeln. Um im Hinblick auf Partnerschaft und Spiritualität voranzukommen, müssen wir aber die Aggression und die Selbstangriffe heilen, ebenso wie die Getrenntheit, die Ungleichheit und das Bedürfnis, mehr zu haben als andere, die das Ego alle anstrebt.

Eigenverantwortung (engl.: accountability)
Dieses Prinzip geht davon aus, dass wir für alles verantwortlich sind, was uns passiert. Das heißt auch, dass wir uns auf einer bestimmten Ebene für alles entschieden haben, was uns geschieht.

Eigenverantwortung hilft uns, die schmerzliche Illusion von Schuld zu überwinden, und sie lässt uns erkennen, wo wir Fehler gemacht haben und wie wir sie korrigieren können. Eigenverantwortung soll uns frei machen und uns unsere Kraft zurückgeben.

Empfangen (engl.: receiving)
Empfangen ist der weibliche Aspekt der Liebe. Es ist die Gabe der Öffnung dafür, dass wir das annehmen, wertschätzen und integrieren können, was uns angeboten wird. Es ist unauflöslich mit Geben verbunden: Wenn wir mehr empfangen, werden wir auf ganz natürliche Weise mehr geben, und wenn wir mehr geben, dann öffnen wir die Tür, um zu empfangen. Den meisten Menschen fällt das Empfangen sehr schwer, und nur, wenn wir ein Gleichgewicht zwischen unserer männlichen und weiblichen Seite erzielen, können wir lernen, richtig zu empfangen.

Entscheidung (auch Wahl, sich für etwas entscheiden; engl.: choice)
Entscheidung – eine bewusste Wahl – ist eine Gabe der Heilung. Es ist die Kraft unseres Geistes, Schritte in eine bestimmte Richtung zu gehen. Negative Entscheidungen sind Fehler, die wir machen, weil wir auf ungeeignete Weise versuchen, Glück zu erlangen. Wie wir uns entscheiden, so denken wir. Wie wir denken, so fühlen wir. Was wir fühlen, bestimmt, wie wir handeln und was uns geschieht. Wir treffen die Entscheidung, unsere Lebensaufgabe entweder zu verwirklichen oder uns von ihr abzuwenden – auf das Licht zuzugehen oder auf die Dunkelheit, zum Leben oder zum Tod.

Etwas Besonderes sein wollen (engl.: specialness)
Dies ist die Reaktion des Egos auf Liebe. Sobald es irgendwo ein großartiges Geschenk gibt, stellt das Ego eine Falschgeldausgabe davon her, um uns von der echten Sache fortzulocken. So ist Aufopferung beispielsweise die Falschgeldausgabe von Liebe. Das Ego hat Angst vor unseren Gaben und Begabungen, weil die Liebe, die dem Austausch solcher Geschenke entspringt, es schmelzen lässt. Sich als etwas Besonderes zu fühlen oder es sein zu wollen baut

darauf auf, die größte Aufmerksamkeit – ob positiver oder negativer Art – zu bekommen, um das Ego zu nähren und zu stärken. Es ist eine der größten Fallen in Beziehungen, denn es verhindert Gleichheit, Gleichwertigkeit, Erfolg und Nähe.

Führung (auch Führungsstärke; engl.: leadership)
Führung dient der Allgemeinheit. Ein Führer ist jemand, der Probleme lösen oder einen Energiefluss schaffen kann, der bewirkt, dass die Gruppe vorankommt. Führungsstärke besteht in der Kunst des Einfühlens, im Hören auf Hilferufe. Ein Führer ist ein Mensch voller Weitblick, dessen Integrität unwiderstehlich ist. Er glaubt stets, dass es wichtiger ist, einem anderen Menschen in einer bestimmten Situation zu helfen, als an sich selbst zu denken oder sich selbst „niederzumachen".

Geben (engl.: giving)
Geben ist ein ganz wesentlicher Aspekt der Liebe. Geben macht es möglich, dass wir uns unserer Umwelt zuwenden und mit ihr teilen. Geben erzeugt Energiefluss und ist eines der grundlegenden Prinzipien der Heilung. Wenn es ein Problem gibt, dann gibt es auch immer etwas, das wir nicht geben.

Geist (auch Bewusstsein; engl.: mind)
Gott als reiner Geist hat uns nach seinem Bilde geschaffen. Die Seele ist die Erfahrung unseres Geistes in der Zeit, nachdem wir einmal eingeschlafen und uns des Zustandes der Einheit und des Einsseins nicht mehr bewusst waren.

Gespaltenes Bewusstsein (auch getrenntes Egobewusstsein; engl.: split mind)
Dies ist der Zustand des Egos. Selbstbewertung, Selbstverurteilung und Selbstangriffe haben unser Bewusstsein so häufig gespalten, dass wir praktisch kaum noch feststellen können, was wir glauben und was wir wollen. Unsere abgetrennten bzw. abgespaltenen Bewusstseinsanteile führen zu Konflikten, die eine der Wurzeln aller Probleme sind, und zu Ambivalenz (Zwiespäl-

tigkeit), Widerstreben und Angst. Spiritualität ist der Weg, der unser gespaltenes Bewusstsein heilt, damit wir nur ein Ziel haben: „Strebt zuerst nach dem Reich Gottes, dann wird euch alles andere dazugegeben."

Glaubenssätze (auch Überzeugungen; engl.: beliefs)
Entscheidungen, die wir wiederholt getroffen haben, werden zu Glaubenssätzen. Es sind Entscheidungen, die in der Zeit eingefroren sind – statische Gedanken, die auf unsere Emotionen, unsere Lebenseinstellung und unser Verhalten einwirken. Sie rufen unsere Wahrnehmungen und dadurch auch unsere Erfahrungen hervor.

Glücklichsein (auch Glück; engl.: happiness)
Glück und Glücklichsein sind Nebenprodukte von Liebe und Kreativität. Immer wenn wir uns selbst ganz geben, öffnet das eine Tür zum Glück. Glück kommt jedoch ständig zu uns – wir nehmen es nur nicht wahr, wenn das Ego dazwischenfunkt. Es ist der wahre Zustand unseres Seins, unser tiefster Kern als geistiges Wesen. Gott als der Inbegriff von Glück hat uns glücklich erschaffen, aber unser Ego hat andere Pläne.

Gnade (engl.: grace)
Gnade ist das Geschenk Gottes an uns. Sie ist voller Energie, heilend und gefühlvoll. Sie fließt uns immer zu, auf welche Weise wir sie auch brauchen. Sie ist Gottes eigene Kraft, seine Liebe und sein Licht.

Sie existiert, um uns unsere Kraft zurückzugeben und uns zu erleuchten, damit unser Weg leicht und voller Freude ist. Gnade hilft uns dabei, uns als Kinder Gottes zu erfahren.

Herzensbruch (auch gebrochenes Herz; engl.: heartbreak)
Ein Herzensbruch ist ein zerstörter Traum, eine große Enttäuschung. Er rührt daher, dass wir das, was ein anderer tut oder sagt, nicht annehmen oder sogar ablehnen. Wenn wir einen Machtkampf geführt und verloren haben, dann benutzen wir den

Herzensbruch, um zurückzuschlagen. Er ist eine Möglichkeit, Rache durch emotionale Erpressung zu üben. Ein Herzensbruch ist der Ausdruck eines unerfüllten Bedürfnisses, das jemanden manipulieren oder sich etwas aneignen will, damit es doch noch erfüllt wird. Er tritt ein, wenn wir uns im Zustand der Abhängigkeit befunden und den Menschen verloren haben, von dem wir abhängig waren.

Höheres Bewusstsein (engl.: higher mind, higher consciousness)
Im höheren Bewusstsein erleben wir alles vom spirituellen Standpunkt aus. Es ist ein Zustand, der nicht nur friedvoll und zentriert, sondern auch humorvoll, fröhlich, strahlend, transzendent, sicher, geheilt und ganzheitlich ist. Dein höheres Bewusstsein lässt dich andere Menschen so sehen, wie du dich selbst siehst. Du kannst auf eine kreative Weise eingreifen und helfen.

Integration (engl.: integration)
Integration ist ein zentrales Prinzip der Heilung. Auf einer bestimmten Stufe ist Heilung immer eine Form von Integration, in der wir zwei miteinander in Konflikt stehende Teile unseres Bewusstseins zu einem neuen Ganzen zusammenfügen. Das auf diese Weise integrierte Ganze besitzt ein höheres Maß an Frieden, Vertrauen, Kommunikation und Erfolg.

Klagen (auch Beschwerden; engl.: complaints oder complaining)
Klagen sind eine Form von verbaler Übellaunigkeit, die wir in der Hoffnung einsetzen, dass andere Menschen oder unser Umfeld sich nach unserem Willen verändern. Klagen bergen unsere Angst vor einer Veränderung, die eine Situation zum Besseren wenden würde. Sie sind eine Form von Kontrolle, die wir benutzen, um altes Leid zu verbergen. Auf der tiefsten Ebene sind alle Beschwerden gegen uns selbst gerichtete Klagen bzw. Urteile. Durch Vorwürfe versuchen wir unsere eigene Verantwortung für das zu leugnen, was geschieht, damit es so aussieht, als ob jemand anderer Schuld hat.

Konkurrenzdenken (auch Wettstreit, Wettbewerb;
engl.: competition)
Wenn die Verbundenheit verloren geht, dann beginnt Konkurrenzdenken und -verhalten in dem Versuch, die sich aus dem Verlust ergebenden Unsicherheiten zu kompensieren. Konkurrenzdenken beruht auf Mangelgefühlen, Vergleichen und Angst vor dem nächsten Schritt. Es baut das Ego auf – das Prinzip der Getrenntheit. Es ist ein Versuch, andere Menschen auf eine Weise zu beherrschen, die unser Ego in seinem Glauben bestärkt, wir seien etwas Besonderes. Es ist der vergebliche Versuch, Bedürfnisse zu befriedigen, die in Wahrheit nur durch Liebe und Verbundenheit erfüllt werden können.

Lebensaufgabe (auch Lebenssinn, Aufgabe der Seele; engl.: purpose)
Unsere Lebensaufgabe ist das Versprechen unserer Seele, der Welt zu helfen. Sie ist der Grund, weshalb wir hier sind. Unsere Seelenaufgabe ist oft so groß und so großartig, dass die meisten Menschen ihr Leben damit verbringen, vor ihr davonzulaufen – indem sie Hindernisse und Probleme schaffen, um die Aufgabe oder sich selbst zu verstecken. Probleme sind entweder ein Versuch, vor unserer Lebensaufgabe davonzulaufen, oder es sind wesentliche Lektionen, die wir lernen müssen, damit wir unsere Lebensaufgabe erfüllen können.

Loslassen (engl.: letting go)
Loslassen ist ein Prinzip der Heilung, das uns in jeder Situation voranbringt. Loslassen bedeutet, dass wir uns von einer Verhaftung sowie von Bedürfnissen befreien, die uns festhalten. Loslassen zerschneidet das Seil, das uns an Phantasien, Erwartungen und Perfektionismus bindet, die Stress, Frustration und Enttäuschung erzeugen. Loslassen heilt das Verhaftetsein, das an der Wurzel allen Leidens liegt, und begründet von neuem echte Verbundenheit.

Die Hauptformen des Loslassens sind: die Dinge in Gottes Hände legen; die negativen Gefühle übertreiben und sie spüren, bis sie sich völlig ausgebrannt und aufgelöst haben; vergeben und den nächsten Schritt im Leben tun. Loslassen trägt die Fähigkeit in sich, schlimmes Leid und zerbrochene Träume aus einer völlig neuen Perspektive zu sehen, die uns nicht zurückhält, sondern uns im Leben unterstützt und fördert.

Machtkampf (engl.: power struggle)

Machtkämpfe sind die Projektion innerer Konflikte auf die Außenwelt. Sie entstehen aus unserem Autoritätskonflikt. Ein Machtkampf stellt unsere Bemühung dar, einen anderen Menschen zu besiegen, um eine Situation zu beherrschen. Alle Machtkämpfe beruhen auf Angst vor dem nächsten Schritt. Alle am Machtkampf beteiligten Personen handeln meist gegensätzlich, fühlen jedoch dasselbe. Machtkämpfe sind ein Kampf um Kontrolle, und sie werden meist durch alte Herzensbrüche verursacht.

Nehmen (engl.: taking)

Nehmen ist das Spiegelbild des unwahren Gebens. Es ist eine Strategie des Egos, die unsere Bedürfnisse erfüllen soll. Nehmen erzeugt Angst, und es ist der Stoff, aus dem Zurückweisungen und gebrochene Herzen gemacht sind. Was wir nehmen, wird unsere Bedürfnisse niemals erfüllen, sondern nur verstärken, weil Nehmen unseren Selbstwert in keiner Weise fördern oder steigern kann. Nehmen steckt im Kern aller Machtkämpfe, weil wir uns zurückziehen, damit andere Menschen nicht von uns nehmen können, wir selbst aber nehmen wollen, um erfüllt zu werden. Dabei erkennen wir nicht, dass wahre Erfüllung nur im Geben, in der Liebe und in der Kreativität zu finden ist.

Opferrolle (auch jemanden zum Opfer machen; engl.: victimization)

Opferrolle und Opferhaltung sind Schlüsselanliegen des Egos, die uns schwach halten sollen. Obwohl es anders aussieht, ist unsere Opferrolle ein Akt der Rache, ein Versuch, jemanden zu besiegen, ein fehlgeleiteter Versuch, uns vor Angst zu schützen oder eine Schuld zu bezahlen. Wir benutzen diese Strategie, um etwas tun zu können oder etwas nicht tun zu müssen. Unsere Opferhaltung lässt uns unschuldig erscheinen, während wir einen uns wichtigen

Menschen angreifen. Die Opferhaltung ist eine der schwächsten und leidvollsten Positionen im Leben. Würden wir alle Opferrollen aufgeben, dann wären wir erleuchtet.

Persönlichkeiten (auch Aspekte/Anteile der Persönlichkeit; engl.: personalities)
Persönlichkeiten sind Selbstkonzepte, die das Ego benutzt, um sich aufzubauen. Jede einzelne Persönlichkeit hat ihr eigenes Glücksrezept, ihre eigene Logik und ihre eigene Strategie, wie Glück zustande kommt. Persönlichkeiten sind Aspekte des Bewusstseins, die „Handlungen" auslösen, um irgendwohin zu gelangen, etwas zu schaffen oder etwas zu erhalten. Alle unsere zahllosen Persönlichkeiten stehen in einem Wettbewerb um den Vorrang. Sie bringen den Energiefluss und unsere Inspiration, Intuition, Fähigkeiten und Gaben zum Stillstand.

Es gibt fünf Hauptpersönlichkeiten: die abhängige, die unabhängige, die sich opfernde, die schwelgende und die rebellische Persönlichkeit. Jede dieser Persönlichkeiten ist aus einer Form der Getrenntheit oder der verlorenen Verbundenheit heraus entstanden. Wir können diese Persönlichkeiten einfach durchbrechen, und wenn wir es tun, dann fallen Befangenheit, Selbsttortur und Selbstangriff weg. Dann können wir auch die Hilferufe aus unserer Umgebung wieder hören, die durch unsere Persönlichkeiten übertönt werden sollten.

Schmerz (emotionaler Schmerz, emotionale Not; engl.: pain)
Schmerz ist Widerstand, der entsteht, wenn wir einen Fehler gemacht haben. Durch eine Entscheidung, die wir getroffen haben, oder durch einen negativen Glaubenssatz ist ein Konflikt entstanden. Das Ausmaß unseres Schmerzes in einer Situation hängt davon ab, wie sehr oder wie wenig wir bereit sind, zu lernen, heil zu werden und die Situation so anzunehmen, wie sie ist.

Schuld (auch Schuldgefühle; engl.: guilt)
Schuld ist die Folge einer fehlgeleiteten Selbstbewertung, die das Ego benutzt, um sich aufzubauen. Schuld soll uns lähmen

und einem Fehler ein ehernes Denkmal errichten. Wir benutzen Schuldgefühle, um uns zurückzuhalten und uns vor unserer Angst vor dem nächsten Schritt zu schützen. Während man einen Fehler korrigieren kann, behauptet die Schuld, dass Bestrafung gerechtfertigt ist. Wo Schuld ist, da sind auch immer Rückzug und Selbstbestrafung. Schuld erzeugt Getrenntheit, und sie ist der Schlüsselprozess für Bewertung, Aggression und Groll. Letzten Endes ist Schuld ein Racheakt gegen andere Menschen und gegen Gott.

Schuldzuweisung (auch Vorwürfe; engl.: blame)
Schuldzuweisungen sind ein Abwehrmechanismus unseres Egos, den wir benutzen, um unsere eigenen Schuldgefühle zu verbergen und zu kompensieren. Schuldzuweisungen stoppen die Kommunikation und leiten kämpferische Auseinandersetzungen ein. Wenn wir anderen Menschen die Schuld an etwas zuweisen, dann verlagern wir die gegen uns selbst gerichtete Schuldzuweisung auf andere. Schuldzuweisung ist das Gegenteil von Verantwortlichkeit.

Schwelgen (auch Schwächen nachgeben, Sichgehenlassen; engl.: indulgence)
Schwelgen rührt von Bedürftigkeit her. Es ist ein Versuch, uns dadurch zu befriedigen, dass wir etwas nehmen oder einer Sache frönen. Was wir uns jedoch einfach nehmen, das können wir nicht empfangen, und ohne Empfangen werden wir niemals zufrieden sein. Schwelgen fuhrt zu Exzessen, und Übertreibung führt zu Sorgen oder schlechter Gesundheit. Schwelgen ist eine Lösung des Egos für Bindungsverlust, die einfach nicht funktioniert. Es ruft Schuldgefühle hervor, die durch Aufopferung kompensiert werden, was als Ausgleich wiederum zum erneuten Schwelgen verleitet.

Selbstangriff (engl.: self-attack)
Selbstangriff ist eine Art von Selbstbestrafung, weil man sich selbst hasst. Er rührt von Schuldgefühlen oder Ärger über sich

selbst her und ist ein Versuch, sich selbst „an die Kandare zu nehmen". Diese Strategie des Egos funktioniert natürlich nie. In der heutigen Welt ist Selbstangriff wahrscheinlich eines der größten Probleme. Viele unserer Sorgen, Belastungen und auch Aggressionen gegen andere sind darauf zurückzuführen.

Selbstanteile (auch „Selbste", Aspekte des Selbst; engl.: selves)
Das sind die Persönlichkeiten, Selbstkonzepte oder Aspekte unseres Bewusstseins, die ihre eigenen Absichten verfolgen und glauben, sie wüssten, was uns vorwärtsbringt und glücklich macht.

Selbstverpflichtung (auch Engagement, Hingabe; engl.: commitment)
Dies ist die bewusste Entscheidung, uns ganz zu geben, damit eine Situation erfolgreich wird. Jede Entscheidung, sich ganz zu geben, kann uns helfen, in unserem Leben einen großen Sprung nach vorne zu machen. Selbsthingabe bringt eine neue Stufe von Erfolg und Nähe mit sich. So verstandene Verbindlichkeit löst Hindernisse und Schwierigkeiten auf und schafft neue Entwicklungsmöglichkeiten.

Skript (auch Drehbuch; engl.: script)
Dies sind die Rezepte oder Geschichten, die wir erfinden und nach denen wir leben. Wir ordnen anderen Drehbücher zu, nach denen sie leben sollen, und ärgern uns, wenn sie es nicht tun. Wir merken nicht, dass wir auf unterbewussten und unbewussten Ebenen die Skripte für jeden schreiben – sogar für die, die uns vermeintlich frustrieren – in der Hoffnung, bestimmte Vorteile daraus zu erlangen.

Spiritualität (engl.: spirituality)
Spiritualität ist die Erfahrung, das Leben aus einer spirituellen Perspektive zu sehen. Der spirituelle Weg ist ein Weg, der uns zur Liebe, zum Glück und zum Einssein hinführt. Er ist die Sehnsucht nach Wahrheit, die uns weiter voranbringt, um immer freudvoller und wirkungsvoller zu werden, von Gnade erfüllt und unschuldig.

Trennung (auch Getrenntheit; engl.: separation)
Trennung liegt an der Wurzel aller Probleme. Sie bringt die selbstzerstörerischen und zerstörerischen Elemente hervor, die es in
unserem Leben gibt. Sie ist das Gegenteil von Liebe. Sie erzeugt
Angst, Schuldgefühle, Bewertungen und einen Autoritätskonflikt.
Letztlich beruht sie auf der Illusion, die dazu geführt hat, dass wir
unser Gewahrsein für den Himmel, die Einheit und das Einssein
verloren haben.

Unabhängigkeit (engl.: independence)
Unabhängigkeit ist eine der drei Hauptrollen (neben Abhängigkeit
und Opferhaltung), die wir annehmen, wenn wir unsere Verbundenheit verloren haben. In dieser Rolle spalten wir uns selbst von
Bedürftigkeit, Angst, Gefühlen der Ablehnung, Herzensbruch,
Schuld, Verletzung, Versagen und Gefühlen der Wertlosigkeit ab.
Die Kompensationen, die wir als Schutz vor negativen Gefühlen
stattdessen entwickeln, sollen uns vor dem Schmerz retten, was
ihnen natürlich nicht gelingt.

Unabhängigkeit ist ein Bewusstseinsstadium, das wir erfahren, sobald wir das Stadium der Abhängigkeit hinter uns gelassen
haben. Jetzt müssen wir integrieren oder heilen, was vergraben
oder abgespalten wurde, bevor wir zu einer wechselseitigen Abhängigkeit gelangen können, die erfolgreichere Beziehungen und
größeren Erfolg ermöglicht.

Unschuld (engl.: innocence)
Gott, der die Unschuld selbst ist, hat uns als unschuldige Wesen
geschaffen. Nun aber, da wir in der Illusion der Zeit gefangen sind,
haben wir alle Fehler gemacht, uns schuldig gefühlt und uns selber
bestraft. Die Erkenntnis unserer Unschuld ist eines der größten
Geschenke, das wir der Welt geben können. Unschuld lässt uns
einfühlsam, verbunden, offen, bereitwillig, lernwillig, großzügig
und empfänglich sein. Wenn wir wissen, dass wir unschuldig
sind, dann wissen wir, dass wir ein Kind Gottes sind. Gott, der die
Unschuld selbst ist, kann nur unsere Unschuld erfahren. Wir, die
wir uns schuldig fühlen, projizieren unsere (Selbst-)Bewertung auf

Gott. Damit haben wir Angst vor ihm. Unsere Unschuld segnet die Welt und erlaubt uns, auch andere als unschuldig zu sehen. Wo Fehler gemacht wurden, da erkennt der Unschuldige sie als einen Hilferuf und antwortet mit Mitgefühl, wohingegen der Schuldige an Verurteilung, Bestrafung und Selbstbestrafung glaubt.

Verantwortung (auch Verantwortlichkeit; engl.: responsibility)
Verantwortung ist die Fähigkeit zu antworten (englisches Wortspiel: „response-ability"). Sie ist die Kunst, auf andere Menschen einzugehen, und bedeutet, dass wir die Hilferufe aus unserem Umfeld hören und denen helfen, die uns brauchen. Verantwortung heißt, vorzutreten und unsere Führungsstärke zu nutzen, um Erfolg, Bindung und Teamarbeit zu manifestieren. Das Ego verwechselt Verantwortung mit Bürde und Aufopferung.

Verbindung (auch sich verbinden; engl.: joining)
Joining ist eine einzigartige Heilmethode, sich mit einem anderen Menschen in Liebe zu verbinden, bis wir erkennen, dass Gott uns aus seinen Augen anschaut. Es ist der Weg, sich einem anderen Menschen auf gleicher Basis zuzuwenden mit der Bereitschaft, ihn so zu sehen, als sei er wir selbst. So werden Leid, Trennung, Bedürftigkeit, Einsamkeit, Angst und andere negative Emotionen geheilt. Joining öffnet das Tor, um göttliche Liebe durch die Verbindung mit dem göttlichen Geist zu erfahren.

Verbundenheit (auch Bindung; engl.: bonding)
Im hier gebrauchten Sinne bedeutet Bonding die psychologischen Bande und die sich miteinander verknüpfende Verbundenheit, die mühelos Liebe und Erfolg mit sich bringt. Je mehr Verbundenheit dieser Art in einer Situation besteht, desto mehr Kreativität und Lebensfreude gibt es. Sie heilt alle Probleme, denn sie hebt die Illusion der Getrenntheit auf, die Leid, Einsamkeit und Gefühle von Mangel hervorbringt. Sie heilt die Gefühle von Bedürftigkeit, Angst, Verlust, Willenlosigkeit und Getrenntheit, die an der Wurzel jedes Problems liegen.

Vergebung (engl.: forgiveness)
Vergebung ist das grundlegendste Prinzip der Heilung. Sie heilt
Angst, macht glücklich und bewirkt Transformation. Vergebung
erzeugt immer ein „Vorwärtsgehen", das es uns erlaubt, über
Rückzug, Schuld, Bewertung und Angst hinauszugehen. Verge-
bung bringt uns voran und aus den Problemen heraus, die durch
Ärger bestimmt werden. Sie führt uns zum nächsten Schritt des
Erfolgs hin.

Verlust (engl.: loss)
Verlust ist eine archetypische Erfahrung der Trennung bzw. der
Abspaltung aus einem bisherigen Zustand. Jeder Verlust erzeugt
Angst, Bedürftigkeit, zerbrochene Bindungen und Einsamkeit.
Es gibt jedoch keinen Verlust ohne eine Entscheidung dafür. Auf
der irdischen Ebene zeigt Verlust an, dass das, worauf wir uns
verlassen haben (wovon wir abhängig waren), uns nicht tragen
konnte und dass es Zeit ist für eine neue Geburt, die zu größerem
oder echterem Erfolg führt.

Verschwörungen (auch geheime Abmachungen; engl.: conspiracies)
Eine Verschwörung ist eine psychologische Falle in unserem Bewusstsein, die so gut aufgestellt ist, dass es so aussieht, als ob es keinen Ausweg gäbe. Diese chronischen Probleme hindern uns daran,
unsere Seelengaben zu nutzen, und sind so aufgebaut, dass sie als
eine Verschwörung gegen unsere Lebensaufgabe dienen. Aber auch
dann, wenn es so aussieht, als ob es keinen Ausweg gäbe, sind sie
vor Gott nicht sicher – also können sie geheilt werden.

Verteidigungsstrategie (auch Abwehrmechanismus; engl.: defense)
Dies sind Strategien, die unser Geist ursprünglich entwickelt hat,
um uns zu helfen, die das Ego aber an sich gerissen hat. Obwohl sie
ursprünglich geschaffen wurden, um uns vor Leid zu schützen, halten sie uns jetzt darin fest, anstatt es aufzulösen, und sie laden zum
Angriff ein. Eine Verteidigungsstrategie ist eine Reaktion, die nicht
nur eine Lösung für unser Problem anbietet, sondern ein neues,
zusätzliches Problem schafft, das dann wieder gelöst werden muss.

Wahrnehmung (engl.: perception)
Wahrnehmung ist unsere visuelle Erfahrung der Welt. Unsere Wahrnehmung wird von der Projektion unserer Glaubenssätze und Überzeugungen gebildet, von unseren Werten und Selbstkonzepten. Anders gesagt ist die Welt, wie wir sie sehen und erfahren, das, was wir von uns selbst glauben. Indem wir unser Bewusstsein heilen, wird sich die Welt – und wie wir sie wahrnehmen – transformieren.

Weitblick (auch Vision; engl.: vision)
Vision ist eine Verbindung von Herz und Geist, in der wir uns so vollständig öffnen und so umfassend geben, dass sich ein neuer, positiver Weg öffnet und uns mit Inspiration vorwärtsträgt. Vision ist die schöpferische Zukunft, die uns einen besseren Weg zeigt, der über die Wiederholungen der Vergangenheit hinausgeht, die sich sonst wieder und wieder in unserem Leben abspielen.

Wir haben Angst vor der Zukunft und glauben, dass sie genauso wie die Vergangenheit sein wird. Somit sind die Hindernisse, vor denen wir jetzt stehen, in Wahrheit unerledigte Dinge aus der Vergangenheit und unsere Angst vor der Zukunft. Vision schlägt diesen gordischen Knoten entzwei, um uns einen besseren Weg zu zeigen. Sie weist uns den nächsten Schritt in unserer Lebensaufgabe und erlaubt uns, das loszulassen, was nicht gebraucht wird, damit wir unser Leben auf einen echteren Sinn konzentrieren können. Vision ist der Sprung der Liebe über den Abgrund, der anderen eine Brücke hinterlässt, damit sie folgen können. Wenn wir alles einsetzen, alles wagen und nichts zurückhalten, dann kann die Geburt der neuen Vision stattfinden.

Wertschätzung (auch Anerkennung; engl.: appreciation)
Dies ist eine heilende Gabe, die uns erlaubt, die Qualitäten der Menschen in unserem Umfeld zu erkennen und uns daran zu erfreuen. Unsere Achtung anderer Menschen ist auch ein Geschenk, das wir uns selber machen, da sie auf ganz natürliche Weise dazu führt, dass wir das schätzen, was wir haben.

Widerstand (engl.: resistance)
Widerstand ist ein Belastungszustand, der durch Widerwilligkeit erzeugt wird. Er ist das Gefühl, dass wir etwas nicht annehmen wollen und deshalb meinen, es wegstoßen zu müssen. Je größer der Widerstand, desto langsamer kommen wir voran. Je größer der Schmerz, desto größer ist das Problem. Widerstand entsteht, wenn sich etwas anderes ereignet, als unser Ego geplant hat. Der Widerstand wird von der Angst hervorgerufen, die ihrerseits von den verschiedenen Aspekten unserer Persönlichkeit erzeugt wird, die alle ein anderes Ziel verfolgen.

Zentrierung (engl.: centering)
Dies ist eine Technik, die Verbundenheit wiederherstellt und Menschen und Situationen zum vertieften Erleben von Frieden, Unschuld, Liebe und Gnade bringt.

Kontaktmöglichkeiten

Dr. Chuck Spezzano und seine Frau Lency halten weltweit Vorträge und Seminare. Bitte setze dich mit uns in Verbindung, wenn du Informationen über die nationalen und internationalen Veranstaltungen und die Produkte der **Psychology of Vision** erhalten möchtest.

Internationale Website:

www.psychologyofvision.com
Hier erhältst du Informationen über Veranstaltungen, Produkte und Kontaktadressen der **Psychology of Vision**.

Die Kontaktadresse für Deutschland, Österreich und die Schweiz lautet:

Psychology of Vision DACH Telefon: +41 (0)78 638 27 70
Fax: +41 (0)32 622 89 49
E-Mail: DACH@psychologyofvision.com
www.psychologyofvision.com/DACH

Informationen zu internationalen Workshops und Vorträgen der Psychology of Vision erhältst du über:

Psychology of Vision, Kanada
Telefon: +1 604-298-4011
E-Mail: promotions@psychologyofvision.com
www.psychologyofvision.com

Weitere Bücher von Chuck Spezzano

Die tieferen Dimensionen des Erfolgs (Verlag Via Nova)

Erfolg kommt von innen (Verlag Via Nova)

Es muss einen besseren Weg geben – Ein Handbuch zur Psychologie der Vision (Verlag Via Nova)

Wenn es verletzt, ist es keine Liebe – Wege zu erfüllenden Beziehungen (Verlag Via Nova)

Heilung des Körpers durch den Geist – Krankheit als körperlicher Ausdruck psychischer Störungen (Verlag Via Nova)

50 Wege loszulassen und glücklich zu sein – Wegweiser, Vergangenes loszulassen und glücklich in der Gegenwart zu leben (Verlag Via Nova)

50 Wege die wahre Liebe zu finden – Wegweiser zu einer erfüllten Partnerschaft (Verlag Via Nova)

50 Wege das Leben positiv zu gestalten – Wie Sie jedes Problem lösen und Ihr Leben verbessern können (Verlag Via Nova)

50 Wege sich mit jedem zu verstehen – Wie Sie das Beste aus allen Beziehungen machen können (Verlag Via Nova)

Die Geschichte vom kleinen Häschen Liebe – Ein Märchen für Kinder und Erwachsene (Verlag Via Nova)

Der Tao-Index – Persönliche Entwicklung und Partnerschaft werden in Zukunft über geschäftlichen Erfolg oder Misserfolg entscheiden (Goldmann Verlag)

Beziehungskunst – Führungskunst – Spiritualität – Die überraschenden Prinzipien von Psychologie der Vision (Integral Verlag)

Von ganzem Herzen lieben – Die innerste Kraft des Lebens geben und empfangen (Integral Verlag)

100 Geheimnisse der Liebe – Geschenke zur Heilung der Herzen und zur Vermehrung des Glücks (Integral Verlag)

Folge dem Ruf deines Herzens – Die besten Wege zu einer starken, tiefen Liebe (Integral Verlag)

Die Karten-Sets

Wenn es verletzt, ist es keine Liebe – 52 farbige Beziehungskarten
für jede Woche mit Begleitbüchlein (Verlag Via Nova)
Karten des Lebens (Verlag Via Nova)
Karten der Erkenntnis (Verlag Via Nova)
Karten der Liebe (Verlag Via Nova)
Karten der Heilung (Urania Verlag)

Videos mit Chuck Spezzano

Beziehungsstadien I – Romantik und Machtkampf (Verlag Via
Nova)
Beziehungsstadien II – Romantik und Machtkampf (Verlag Via
Nova)
Verbundenheit – Nähe ohne Fusion (Verlag Via Nova)

Vorträge auf CD von Chuck Spezzano

Wenn es verletzt, ist es keine Liebe (Hörbuch; Sprecher: Werner
Vogel)
Die Essenz des Bestsellers (Verlag Via Nova)
Was tun, wenn nichts mehr geht (Verlag Via Nova)
Erfülle deine Lebensaufgabe (Verlag Via Nova)
Der Weg nach Hause (Verlag Via Nova)

Lesermeinungen zu
„Die inneren Gesetzmäßigkeiten des Erfolgs"

„Die Lektionen treffen fast immer haargenau den Punkt, an dem ich in meinem Leben gerade bin – wirklich unglaublich."
Jill, Psychologin, Großbritannien*

„Die Lektionen sind sehr hilfreich für den Alltag, viele sehr gute Gedanken und Ideen. Sie haben mir geholfen, noch erfolgreicher zu werden. Sehr gute Arbeit!"
Bert, Leitender Angestellter Marketing und Kommunikation, Deutschland*

„Das Buch hat mir ein klareres, umfassenderes Bewusstsein für das vermittelt, was echter Erfolg ist, und zwar im Alltag, im Beruf und in meinem persönlichen Leben."
Michael, Geschäftsführer, USA*

„Mir hat sehr gut gefallen, dass es so einfach war, Zugang zu den Lektionen zu finden. Ich weiß, dass menschliche Muster manchmal sehr kompliziert sein können, aber all das wird sehr sachbezogen und verständlich vermittelt. Ich glaube auch, dass der Moment, in dem man die Absicht hat, erfolgreicher zu sein – die Chance, sich dieser Seinsweise zu verpflichten –, eine sehr große Kraft besitzt."
Michelle, Künstlerin, Kanada*

„Ein wunderbares Buch. Ich bin erfolgreicher und habe ein besseres Verständnis von dem, was Erfolg in Wirklichkeit ist. Mit diesem neuen Wissen kann ich auch anderen Menschen helfen."
Angela, Heilerin, Großbritannien*

„Es ist großartig!"
Barb, Psychologin, Kanada*

„Ich genieße die Verbundenheit und die Liebe, die mit jeder Lektion einhergehen. Das Wissen, dass es ein Werkzeug gibt, das man benutzen kann, und einen Weg, um Erfolg von innen zu erreichen."
Rose, Großbritannien

„Ich wollte nur sagen, wie sehr ich das Buch „Die inneren Gesetzmäßigkeiten des Erfolgs" genieße. Die Lektionen schaffen es immer, dass ich mich gut fühle, und geben Antworten, wenn ich sie brauche. Vielen Dank."
Maggie, Großbritannien

„Ich habe das Gefühl, dass die Lektionen in diesem Buch mein Bewusstsein dafür, wo meine Schwachstellen sind, wirklich verändert haben. Das Buch hat mir Werkzeuge an die Hand gegeben, mit denen ich unmittelbar und direkt arbeiten kann."
Anne, Kanada*

„Es versetzt mich in die Lage, die Kontrolle zurückzunehmen, den Stress abzubauen, die Sorgen zu verringern und mehr zu lachen."
Yvonne, Projektmanagerin, Schottland*

„Die Lektionen schienen sich immer mit dem Schmerz zu befassen, den ich gerade durchmachte… außergewöhnlich gutes Timing… fast so, als würde jemandem auf einem sinkenden Schiff eine Schwimmweste zugeworfen. Unter anderem hat es mir geholfen, mehr von der Liebe zu akzeptieren, die Gott für mich hat."
Lyn, Kanada

(* mit ausdrücklicher Genehmigung)

Seminare mit Lency und Chuck Spezzano

Psychology of Vision-Seminare sind verdichtete Lebenserfahrung. Sie sind eine Gelegenheit, die vielen Facetten unserer Persönlichkeit zu erkunden und die praktischen Schritte zu erlernen, die uns von dort, wo wir jetzt sind, zum lebendigen Ausdruck des vollen menschlichen Potenzials führen. Jedes Seminar ist ein einzigartiges Erlebnis, eine Entdeckungsreise in die Welt des Bewusstseins.

An *Psychology of Vision*-Seminaren treffen sich Menschen jeden Alters, aus vielen Ländern, mit verschiedenstem beruflichem und persönlichem Hintergrund, alleinstehende Frauen und Männer (rund die Hälfte der Teilnehmer sind Männer), Paare, ja sogar ganze Familien. Was alle verbindet, ist die Bereitschaft, sich für Veränderungen zu öffnen, um mehr Lebendigkeit, mehr Erfolg, liebevollere Beziehungen in ihrem Leben zu verwirklichen.

Als Team und Ehepaar verbinden sich in Chuck und Lency Spezzano zwei außergewöhnliche Persönlichkeiten zu einer Intensität, die tiefgreifende Veränderungen in den Menschen auszulösen vermag, und zwar auf allen Ebenen menschlichen Seins: spirituell, psychisch-emotional, körperlich.

Kontaktadresse für die Seminare:

Psychology of Vision
Deutschland, Schweiz, Österreich
Vom Staal-Weg 3
CH-4500 Solothurn
Tel.: +41 32 622 89 75
Fax: +41 32 622 89 49
e-mail: susanne.ernst@pov-int.com
www.pov-int.eu

Frankfurter Ring e.V.
Oeder Weg 43, D-60318 Frankfurt
Tel.: ++49 (0) 69 51 15 55
Fax: ++49 (0) 69 51 22 20 www.frankfurter-ring.org

Die tieferen Dimensionen des Erfolgs

Erfolgs-Serie Band 2
Chuck Spezzano

Hardcover, 280 Seiten, ISBN 978-3-86616-034-7

„Die tieferen Dimensionen des Erfolgs" ist der zweite Band und ein wichtiger Bestandteil der Reihe „Erfolg kommt von innen". Das Buch zeigt auf, dass die Erfahrung von Erfolg nicht nur ein äußeres Phänomen ist, sondern vielmehr im Herzen und im Bewusstsein stattfindet. Es untersucht noch eingehender und tiefgreifender, auf welche Weise das Herz und das Bewusstsein sich miteinander verbinden, um Erfolg herbeizuführen. Es enthält weitergehende Erfolgsprinzipien und offenbart weitere Fallen und mögliche Wege zu deren Lösung. Es zeigt den Weg auf, der mit Hilfe innerer Erfolgsprinzipien voranführt, und taucht zu diesem Zweck auch in die unterbewussten und unbewussten Bereiche des Bewusstseins ein, um das aufzulösen, was uns an der Zuversicht hindert, ein immer höheres Maß an Erfolg in allen Bereichen unseres Lebens haben zu können. Es enthält neue Geschichten, Beispiele, Prinzipien und Methoden.

Erfolg und Erfüllung liegen in deinen Händen

Nutze dein inneres Potenzial   *2. Auflage*
Chuck Spezzano

Hardcover, 320 Seiten, ISBN 978-3-86616-155-9

100 Erfolgsrezepte für ein besseres Leben in allen Bereichen. Chuck Spezzano zeigt auch in diesem Buch wieder einmal mit großer Tiefgründigkeit und unnachahmlicher Direktheit auf, wie es jedem Menschen gelingen kann, falsche Entscheidungen zu erkennen, zu verwerfen und an ihrer Stelle neue und erfolgversprechendere Entscheidungen zu treffen, so dass Erfolg in allen Bereichen des Lebens entsteht. Das vorliegende Buch soll dir Erfolg in jedem Bereich schenken, auf den du seine Prinzipien anwendest: Geld, Beruf, Gesundheit, Kreativität, Beziehungen. In dem Maße, in dem dein Verständnis für die hier beschriebenen Prinzipien wächst, wird auch Erfolg dir immer vertrauter werden und in jedem Bereich immer müheloser zu erreichen sein. Möge das vorliegende Buch dich sowohl von den Fesseln des Nichtwissens als auch von der Angst vor Erfolg befreien und dir das zurückbringen, was rechtmäßig dir gehört.

Karten der Erkenntnis
auf dem Weg nach innen
Das Buch der Erkenntnis
Chuck Spezzano

12. Auflage

48 künstlerisch gestaltete Karten,
Buch: 144 Seiten, ISBN 978-3-928632-32-4

Wollen Sie mehr Selbsterkenntnis gewinnen, persönliche Ziele und verborgene Wünsche erkennen, die Beziehungen im Privat- und Berufsleben verbessern, Ursachen für Probleme herausfinden und auflösen, Hindernisse auf dem Weg nach innen beseitigen? Dann sind die Karten der Erkenntnis und deren Erklärung eine große Hilfe. Sie sind einfach zu benutzen, hilfreich und inspirierend. Ganz gleich, ob Sie „sofortige Antworten" auf alltägliche Fragen oder langfristige Lösungen für die großen Herausforderungen des Lebens suchen, es wird Ihnen und Ihren Freunden helfen, positive Entscheidungen zu fällen und Veränderungen für eine bessere Zukunft herbeizuführen. Im beiliegenden Buch der Erkenntnis findet der Leser den Schlüssel zum Verständnis und zur Verwendung der Erkenntnis-Karten. Chuck Spezzano erläutert im Einzelnen die Bedeutung aller 48 Karten und erklärt eine Vielzahl von Möglichkeiten, mit ihnen zu arbeiten und sie zu deuten. Außerdem werden über zehn verschiedene Legesysteme beschrieben.

Die inneren Heilkräfte erwecken
Heilung von • Krankheiten • Beziehungen
• Lebensumständen
Chuck Spezzano

Hardcover, 256 Seiten, ISBN 978-3-86616-259-4

Hinter unseren Krankheiten, Beziehungs- und Lebensproblemen stecken sehr oft unbewusste und unterbewusste Lebensmuster. Diese in ihrer ganzen Tiefe zu erkennen und aufzulösen, um ein gesundes und erfülltes Leben zu führen, dazu lädt das neue Buch von Chuck Spezzano ein. Das Besondere dieses neuen Meisterwerkes ist, dass der Leser hier Erkenntnisse, Methoden und Techniken findet, die aus Spezzanos unmittelbarer, über 35-jährigen therapeutischen Arbeit stammen. Dieses Buch vermittelt lebendiges Wissen und vitale Weisheiten mit sehr praxisbezogenen Methoden und Übungen. Ein heilsamer Ratgeber und weiser Begleiter auf der Reise zu sich selbst, zu mehr Gesundheit, Zufriedenheit und Lebensfreude.

Karten des Lebens

Lebensgeschichten erkennen und heilen
Chuck Spezzano

6. Auflage

100 künstlerisch gestaltete farbige Karten
mit Begleitbuch, 224 Seiten, ISBN 978-3-86616-028-6

Die Drehbücher oder Geschichten, die unser Leben bestimmen, schreibt jeder Mensch selbst. Die Karten des Lebens – das neue Karten-Set des bekannten Lebenslehrers Chuck Spezzano – zeigen die Geschichten, die wir in unserem Leben erzählen, ganz gezielt auf. Es können fröhliche und kraftvolle, aber auch dunkle und zerstörerische Geschichten sein. Wir schreiben sie oft in Sekundenbruchteilen, tragen sie und ihre Folgen aber ein Leben lang mit uns. Negative Geschichten aus der Vergangenheit zu heilen und positive, lebensbejahende Geschichten zu stärken ist ein Herzensanliegen von Chuck Spezzano und ein Eckpfeiler seiner Arbeit. 100 wunderschöne, von der deutschen Künstlerin Petra Kühne einfühlsam gestaltete Karten sowie ein Begleitbuch, das die tiefere Bedeutung jeder einzelnen Karte erklärt und Beispiele für verschiedene Befragungsmöglichkeiten enthält, geben dem Leser ein ideales Werkzeug an die Hand, mit dessen Hilfe er seine Lebensmuster erkennen, negative und destruktive Muster heilen und dadurch zu mehr Glück und größerer Fülle im Leben gelangen kann.

Wie Beziehungen wirklich gelingen

Neue Wege für Liebe und Partnerschaft
Jeff und Sue Allen

Hardcover, 256 Seiten, ISBN 978-3-86616-210-5

Beziehungen sollten eigentlich der Himmel auf Erden sein, aber genau das Gegenteil ist fast immer der Fall. Die Liebe zum Partner liegt unter dem Schmerz ständiger Auseinandersetzungen, gegenseitiger Schuldzuweisungen und tiefer Verletzungen vergraben. Jeff und Sue Allen zeigen in ihrem Buch nicht nur die verborgenen Triebkräfte auf, die in allen Beziehungen am Werk sind, sondern auch Wege, sie zu erkennen und zu verwandeln. Anhand ihrer eigenen authentischen Geschichte nehmen sie den Leser mit auf eine Reise durch die Stadien, Gefahren, Irrgärten und Fallen, die es in einer Beziehung zu überwinden gilt, um zu wahrer Liebe und echtem Glück zu gelangen.

Vom Segen der Dankbarkeit

Was dich wirklich glücklich macht
Angeles Arrien

Paperback, 240 Seiten, ISBN 978-3-86616-262-4

Dankbare Menschen, so haben Studien ergeben, sind zufriedener, mehr mit sich im Einklang, sie leben länger, spüren mehr Freude, Liebe und Glück. Aber wie wird man dankbar? Angeles Arrien weist einen völlig neuen Weg: Im Einklang mit der Natur, Monat für Monat, nimmt sie den Leser an die Hand und führt ihn – begleitet von Übungen, Meditationen und Praktiken aus den spirituellen Traditionen der Welt – in ein neues Erleben der Wirklichkeit. Ein echtes Arbeitsbuch, ein Buch, mit dem man lernt, Dankbarkeit in alle Bereiche des eigenen Lebens zu bringen – in Beruf und Finanzen, in Beziehungen, in Gesundheit, Ernährung und Spiritualität

Hinter die Symptome schauen

Die seelischen Ursachen der Krankheiten
Ferenc Pósa

Hardcover, 464 Seiten, ISBN 978-3-86616-246-4

In dieser Ausgabe des in Ungarn erschienenen Bestsellers (15 Auflagen) vermittelt der bekannte Gesundheitsphilosoph, Therapeut und Seminarleiter F. Posa seine Auffassung über Krankheiten und deren Heilung erst - malig auch Lesern in Deutschland. Aus seinem ganzheitlichen Verstehen beschreibt er die seelischen Ursachen der Krankheiten und zeigt Lösungswege auf, wie der Mensch sein körperlich-seelisches Gleichgewicht finden und gesunden kann. Der Autor macht bewusst, dass niemand mit Absicht krank werden möchte, im Unterbewusstsein jedoch vieles tut, was die Krankheit hervorruft. Sie kann zur Ersatzhandlung für ein glückliches und freudvolles Leben stehen. Ferenc Pósa stellt die Zusammenhänge zwischen Leben, Gesundheit und Krankheit dar, die helfenden und behindernden Kräfte sowie die wichtigsten Prinzipien für die geistige Heilung. Es werden über 250 konkrete Krankheiten und Krankheitsbilder behandelt, ihre medizinischen Grundlagen, die Erfahrungen der Naturheilkunde, die seelischen Ursachen und der Weg zur Genesung.

Medizin für die Seele

Lebens- und Seelenkräfte im Alltag mobilisieren
Prof. Franz Decker

Paperback, 224 Seiten, 32 Grafiken, ISBN 978-3-86616-115-3

Für viele Menschen ist es heute sehr schwierig, den Herausforderungen des Alltags in unserer komplexen, schnelllebigen Welt gerecht zu werden, das eigene Leben selbstverantwortlich zu gestalten und sinnvoll und erfüllt zu leben. Prof. Franz Decker zeigt in seinem Buch diese Probleme auf, aber auch Möglichkeiten, die „Überlebenskräfte", die unerschöpflichen Kraftquellen der Seele und des Geistes, zu wecken und zu entwickeln, um in seelischem Gleichgewicht, mit Freude, Gelassenheit, Mut und Zuversicht das Leben zu bestehen. Das Buch erwuchs aus eigener Erfahrung und basiert auf den neuesten Erkenntnissen, dass durch eine entsprechende Neuorientierung und Seelenprogrammierung ein erfülltes und ausgeglichenes Leben möglich ist. Beispiele veranschaulichen und überzeugen. Es bietet sehr einprägsam ein Programm zur Förderung der Lebens- und Seelenkräfte im Alltag sowie Übungen zur Entspannung, Besinnung, Meditation, mentalen Lebensänderung und emotionalen Stabilisierung.

Das Buch der Selbstheilung

Mit Imagination die inneren Potentiale stärken und entfalten
Heilsame Übungen für die Reise nach innen
Alexandra Kleeberg

Paperback, 352 Seiten, ISBN 978-3-86616-244-0

Die Autorin komponiert Selbstheilungstechniken aus verschiedenen Kulturen und Zeiten in einen für uns heutige Menschen entwickelten Kanon der Heilung: Wo die Energie den heilenden Vorstellungen, den inneren Bildern folgt, verwirklicht sich Gesundheit im Körper. Auf spielerisch leichten und tiefgründig weisen Pfaden werden die Leser/Innen durch das Kraftfeld der Imagination geführt. Sie können eintauchen in das Meer unendlicher Möglichkeiten und Heilung erlangen. Mit Exkursen in die Welt der Forschung und der Einbeziehung der Archetypen von C.G. Jung, mit einer begeisterten Beschreibung der wichtigsten gesundheitsfördernden Grundeinstellungen, mit bunten Imaginationen und vielen praktischen Übungen werden Verstand, Seele und Körper ganzheitlich aktiviert, damit sich Selbstheilung vollzieht. Schon beim Lesen kann Heilung beginnen.